轻松夸出内驱力
正面管教
一善就懂 拿来就用

夸孩子我有1000句

好孩子是夸出来的

谷鹏磊 冯婷婷——著

南方出版社
·海口·

图书在版编目（CIP）数据

夸孩子我有 1000 句 / 谷鹏磊，冯婷婷著 . -- 海口：南方出版社，2025. 4. -- ISBN 978-7-5501-9685-8

Ⅰ . G78

中国国家版本馆 CIP 数据核字第 2025Y3Q263 号

夸孩子我有 1000 句

Kua Haizi Wo You 1000 Ju

谷鹏磊　冯婷婷　著

责任编辑：胡胜丽
出版发行：南方出版社
社　　址：海南省海口市和平大道 70 号
邮政编码：570208
电　　话：（0898）66160822
传　　真：（0898）66160830
印　　刷：三河市九洲财鑫印刷有限公司
开　　本：880mm×1230mm 1/32
印　　张：6
字　　数：145 千字
版　　次：2025 年 4 月第 1 版
印　　次：2025 年 4 月第 1 次印刷
定　　价：49.80 元

目录

第一章 夸出成长型思维 让孩子相信“我能行”

第二章 场景化夸奖 让赞美融入生活细节

第三章 夸出高情商 从自我认知到共情力

第四章 行为正向引导 用夸奖替代说教

第五章 特殊情境应对 夸奖的智慧与边界

第六章 长效内驱力 从“被夸”到“自我肯定”

第一章

夸出成长型思维

让孩子相信“我能行”

第一节 塑造大脑：从“你真聪明”到“你真努力”

成长小剧场

周末午后，阳光照在书桌上，睿睿和悦悦姐妹俩在一同做数学作业，然而，两人都被一道题给难住了。

睿睿盯着题目嘟囔：“好难，我肯定做不出来了！”妈妈走过来，像往常一样说：“睿睿，你这么聪明，肯定难不倒你，再想想！”睿睿听了，却扔掉笔说：“我不想做了，我做不出来！”

悦悦同样思考许久，却没有放弃，在草稿纸上写写画画，还翻阅了课本。爸爸看到了，摸摸她的头说：“悦悦，爸爸看到你一直在努力思考，这种态度值得表扬！不管结果怎样，努力就很棒！”悦悦听了，更是铆足了劲。

不久，悦悦算出答案，兴奋地跳起来：“我做出来啦！”睿睿既羡慕又失落。悦悦走过去说：“睿睿，这道题虽然有点难，但多想想就能做出来，你也试试！”睿睿却摇摇头：“不，我肯定做不出来。”悦悦不理解：“怎么会呢？你只是没有努力尝试而已。你看，我也想了好久，试了好多办法，才做出来的呀！”睿睿听后若有所思。

爱心分析站

亲爱的家长们，从这个小故事可以看出，不同的夸赞方式对孩子影响很大。

睿睿总被夸聪明，这看似是好事，实则藏着问题。每次遇到难题，她首先担心的是做不出来就不聪明了。在她心里，聪明是个固定标签，一旦失败，这个标签好像就会被撕掉。这限制了她去尝试、探索，久而久之，她可能越来越害怕挑战，一碰到困难就想退缩。

爸爸夸悦悦努力，这让悦悦明白，遇到困难努力去做才是最重要的。她不会因一时做不出题就否定自己，反而觉得只要坚持尝试就有希望。这样一来，悦悦的探索欲和挑战精神被激发出来，以后不管遇到什么难题，都愿意去拼一拼。

所以，家长们，以后别光夸孩子聪明，要多夸他们的努力，这能让他们知道，成功靠的不是天生的聪明，而是后天的努力。

理论小课堂

家长们，这里隐藏了一个重要的理论——德韦克的“成长型思维”理论。简单说，很多时候，孩子们会受到两种思维的影响，一种是“固定型思维”，一般都藏在被夸聪明的孩子心里，它让孩子以为聪明是天生的，所以一遇到难题就担心失败，害怕暴露自己“不聪明”，譬如睿睿。另一种是“成长型思维”，更常体现在被夸努力的孩子身上，它让孩子知道，能力是可以通过努力来提升的，就像悦悦，这类孩子面对难题时会积极尝试，不怕失败。

值得一提的是，“努力”具有一个关键特性——可控性。与聪明这一相对固定的特质不同，孩子可以控制“努力”，例如选择花时间钻研难题、反复练习技能、主动寻找解决问题的方法。夸赞孩子努力，实际上是在强化他们对自身行为的掌控感，让他们理解，通过付出努力，能在一定程度上影响事情的结果。

我们家长要做的，就是帮孩子赶走“固定型思维”，给“成长型思维”加油。多夸孩子努力，让他们明白，只要努力，能力就能提高，这样，孩子在成长路上才能越走越顺、越来越优秀。

夸夸工具包

可以这样夸

1. 解题时尝试多种方法，虽然累，但你乐在其中，真棒！

2. 遇到难题不放弃，一直坚持思考，你肯定觉得自己越来越厉害了，继续加油哦！

3. 虽然暂时失败了，但你能从中学习，变得强大了，多好啊！

4. 每天坚持练习，看到自己在进步，你心里一定充满希望！

5. 为做对一道题反复思考，最终成功了，你肯定觉得努力很值，你真了不起！

6. 坚持背单词，英语成绩提高了，瞧，你的努力有了回报哦！

7. 数学考试前复习错题，成绩进步了，你肯定觉得努力有回报，太棒了！

8. 作文反复修改，水平提升了，你一定很开心，很骄傲吧！

9. 做实验反复尝试，最终成功了，是不是特别有成就感？加油哦！

10. 历史背诵用口诀，记忆更牢固了，你学习有方，更重要的是很努力，给你点赞！

11. 面对挑战，你积极寻找解决办法，你的这种精神太难得了！

12. 每天坚持学习新知识，你感觉自己在不断成长，你真棒，继续加油！

13. 为实现目标，你制定了详细的计划，真有条理，太让人佩服了！

14. 遇到难题，你主动请教别人，这种努力的学习态度太好了！

15. 为提高自己的能力，你不断练习，你真有毅力！

还可以这样夸

16. 你尝试用多种方法解题，你的努力让我们很欣慰！

17. 看到你不断尝试，就知道你在进步，给你加油！

18. 遇到难题时，你一直坚持思考，这种不放弃的精神真的很了不起！

19. 我们发现，这些难题让你学会了更多解决问题的方法，你变得更强大了呢！

20. 你每天坚持练习，我们看到了你的进步，这说明你的努力没有白费，继续加油！

21. 你热爱思考，不怕难题，这种勇于挑战的态度很棒！

22. 你每天花时间临摹、琢磨，努力的成果一眼就看到啦！

23. 你每天都坚持背单词，真努力，相信你会有更大的进步！

24. 数学考试前，你用心复习错题，这种认真和努力我们都看在眼里，给你点赞！

25. 你通过多读书、多练习提升了作文水平，我们觉得你已经找到了窍门！

26. 你努力了那么多次都没有放弃，我们感到特别骄傲！

27. 你做了这么多练习，这种坚持让我们觉得你棒极了！你的努力一定会有回报！

28. 你积极挑战的样子太帅了，这种勇敢尝试的精神不得了！

29. 我们相信努力的孩子一定会有好运，比如你，加油哦！

30. 你在完成这个任务时很努力，你知道吗，它会帮助你取得更大的进步！

31. 我真佩服你，面对困难没有放弃，我看到你在用努力塑造更好的自己！

32. 看着你攻克一道道难题，就像看到你一步步走向未来，太帅了！

33. 你每次遇到困难都不退缩，爸爸妈妈永远支持你！

第二节 描述进步：让孩子看到自己的潜力

成长小剧场

周六午后，清风溜进房间，卷起阵阵纸墨香气。妙妙坐在书桌前专心画画，桌上摆满画纸、画笔和颜料盒，几本翻开的绘本是她寻找灵感的小助手。可是，她此刻盯着画了一半的画，眉头皱成了小山。

她在画最爱的童话场景，可画得不尽如人意，线条歪歪扭扭，公主的脸也被修改得脏兮兮。她越看越失落，心想："怎么总画不好……"

这时，妈妈敲门进来给她送水果，看到她沮丧的模样，温柔地问："怎么不开心？"妙妙指着画说明了缘由。妈妈仔细看了看，说："进步很大呀！以前形状都把握得不好，现在轮廓已经很清晰了，颜色搭配也有想法呢！"妙妙眼中闪过一丝光亮。

妈妈摸摸她的头，继续说：“你刚开始学画，现在这样已经很不错了，要慢慢来，不要着急哦！”在妈妈的鼓励下，妙妙重新拿起画笔。

没过多久，画作完成了，尽管有小瑕疵，但比刚才的好了很多。妙妙兴奋地给妈妈看，妈妈竖起大拇指：“太棒啦！线条更流畅了，画面更漂亮了！”妙妙满足地笑了。

爱心分析站

亲爱的家长们，从这个故事里可以看到，具体描述孩子的进步是一种实用的夸奖策略。妙妙最初表现出的沮丧，是孩子在面对不擅长之事时常有的情绪。当妈妈具体指出了她的进步，比如形状把握得更好、颜色搭配有想法后，妙妙受到鼓舞，重新画了一幅。

如果只是笼统地夸“你真棒”，孩子就不清楚自己的优势在哪里，潜力在哪里，但具体的描述却能让孩子清晰地看到自己的闪光点。这种明确的反馈能增强孩子自信心，从而激发他们继续努力，让他们勇于再次尝试。妙妙最后的笑容就是自信心增强的体现。

理论小课堂

家长们，这里隐藏着心理学的一个小知识——认知失调理论。这个理论认为，当我们的行为和原本持有的信念、想法产生矛盾时，内心就会出现一种不舒服的紧张状态，这就是认知失调。

故事里的妙妙一直对绘画充满热情，潜意识里相信自己能轻松画出漂亮的童话场景，这是她原本的认知和信念。然而，实际情况却与预期相差甚远，画出来的作品远不如想象中完美，这种落差让她感到难受和无措。

在这种情况下，妙妙妈妈采取了正确的做法。她先是具体描述妙妙的进步，让妙妙清楚地看到自己的优点和潜力，接着又告诉她需要慢慢练习，让她明白不能因为一次画不好就否定自己的能力。这一系列的鼓励和引导，帮助妙妙调整了自己的认知。

在实际生活中，家长们也会经常遇到孩子陷入类似认知失调的情况。比如孩子努力学习却没取得理想成绩、精心准备比赛却发挥失常。这时，我们要像妙妙妈妈一样，敏锐捕捉孩子的情绪变化，通过鼓励和引导，帮助孩子看到自己的长处。

夸夸工具包

可以这样夸

34. 这次背课文你不仅速度快，还一字不差，你真厉害！

35. 你主动帮邻居奶奶拿东西，真是乐于助人的好孩子！

36. 所有东西都摆放得井井有条，你的自理能力进步好大！

37. 参加演讲比赛，你能自信流畅地表达，你真的很努力！

38. 你自己动手做的小手工，造型独特又精致，你的创造力真的超乎想象！

39. 数学题越来越难，但你解题的思路越来越清晰，思考能力提升好多呀！

40. 那些复杂的指法你很快就掌握了，你的学习能力太强大啦！

41. 以前写作文干巴巴的，这次内容丰富又生动，阅读量增加真的有效果呢！

42. 比赛的时候，你从落后到奋起直追，这种不服输的精神太值得称赞啦！

43. 你尝试自己做饭，味道居然很不错，原来你的厨艺这么好！

44. 遇到不懂的知识，你主动查阅资料，给你点赞！

45. 你组织小伙伴们做游戏，安排得有条不紊，领导能力不错哟！

46. 你的字体越来越工整漂亮，能看出每天的练习都没白费！

47. 面对陌生人你不再害羞，主动打招呼交流，社交能力进步飞速呀！

48. 玩拼图从花费很长时间到现在又快又准，你的专注力提升好多呢！

还可以这样夸

49. 这次考试中，你的数学成绩有了很大的提升，看来认真复习错题，向老师请教都是很好的办法呢！

50. 你把房间整理得这么整洁，书本摆放整齐，地面一尘不染，真是又细心又懂事！

51. 你今天在足球训练中跑得更快了，还学会了新的传球技巧，感觉是不是很棒！

52. 你上台表演的时候比以前自信多了，声音洪亮，动作到位，我们为你感到骄傲！

53. 你这次的画色彩搭配更和谐了，线条也更流畅了，练习没有白费哦！

54. 你坚持练习跳绳，从一开始跳几个就气喘吁吁，到现在一分钟能跳这么多，进步太大了！

55. 你搭的城堡又高又稳，造型也很有创意，是你自己设计的对吧？好厉害！

56. 你做了这么多笔记，还自己画了思维导图，太了不起了！

57. 我看到你为了写好这篇作文查阅了很多资料，真是很用心啊！

58. 听老师说，你每次舞蹈课都特别认真，一个动作反复练习，现在跳得越来越好了！

59. 你每天按时给花浇水施肥，还观察它们的生长变化，这种责任心很值得表扬！

60. 你做数学作业的时候，每一道题都写得很工整，步骤也非常详细，遇到难题还能独立思考，这种学习态度真的很棒！

61. 你参加跑步比赛，虽然一开始落后了，但你一直没有放弃，最后还超越了好几个同学，实在太赞了！

62. 最近你每天坚持阅读，还会把喜欢的句子和词语记录下来，阅读习惯越来越好，理解能力也在慢慢提升了！

63. 你今天帮爸爸整理书架，分门别类，摆放整齐，真的长大了！

64. 你今天在小组活动中积极发言，还帮助其他同学梳理思路，真是成长了不少呢！

第三节 失败中的闪光点：如何夸出抗挫力

成长小剧场

傍晚，窗外暮色渐浓，房间里暖灯亮起，一家人围坐餐桌准备用餐。晨晨却低着头，手中紧攥试卷，神情低落。

妈妈察觉到了异样，轻声询问。晨晨红着眼把试卷递给妈妈，小声说没考好。妈妈接过试卷，没有责备，温柔表示一起看。爸爸也凑过来，指着一道错题说："晨晨，这题解题思路很有创意，说明你思考问题有自己的想法，很棒！"可晨晨仍沮丧："答案不对，还是没考好。"

妈妈摸摸他的头安慰道："宝贝，你学数学一直很努力，每天认

真作业、主动做题。这次考试后面的难题很多同学空着，你却努力解答，这种不放弃的精神太可贵。”晨晨听后心情平复，说下次会更努力。爸爸笑着鼓励：“一次失败不算什么，你有你的优点，不必气馁，再接再厉！”

晚饭后，晨晨主动坐在书桌前，认真分析了试卷，还制定了学习计划，心中暗下决心：下次一定要迎头赶上。

爱心分析站

亲爱的家长们，当孩子像晨晨这样遭遇考试失利时，他们的内心往往充满沮丧、失落和自我怀疑，很容易陷入消极情绪，觉得自己不够好，甚至对学习失去信心。

在这种情况下，家长挖掘孩子失败中的闪光点就显得尤为重要。就像晨晨，原本因考试成绩不理想而垂头丧气，可当爸爸妈妈指出他解题思路有创意、面对难题不放弃这些闪光点后，他的情绪明显转变，从沮丧变得愿意主动分析问题、制定学习计划。

可以看到，适时合理的夸赞能够增强孩子的自我认同感，让他们明白自己是有能力克服困难的，从而汲取经验教训，以积极心态面对挫折。所以，家长们在孩子遇到挫折时，一定要善于发现孩子的闪光点，给予他们肯定和鼓励哦！

理论小课堂

亲爱的家长们，这里涉及了一个很重要的理论——归因理论。归因指的是人们对自己或他人行为原因的解释和推断。在孩子面对失败的时候，引导他们正确归因，是提升抗挫能力的重要手段。

孩子在遇到挫折时，自然会有不同的归因方式。有的孩子会认为是自己能力不行，这是一种消极归因，会让他们越来越没自信，而我们要引导孩子进行积极归因，比如练习不足、方法不对等，同时用正向的语言来表达，例如：“这段时间可能有些知识点没有掌握到位”，或者“如果能找到更好的学习方法，就能解决问题了”等。这样的引导，能让孩子明白，只要自己努力去改变，就能做得更好。

希望家长们能够利用这个理论，引导孩子正确归因，帮助他们提升抗挫能力，让孩子在成长的道路上更加坚强！

夸夸工具包

可以这样夸

65. 这次考试几何部分解题思路清晰、步骤完整，多练代数，一定会进步！

66. 比赛输了没关系，你表现很好，多练起跑，下次一定能更快！

67. 作文开头很棒，语言也有感染力，多丰富细节描写就更好了！

68. 实验失败很正常，科学家也要试错啊，记得检查步骤，总会成功的！

69. 我小时候每天练字，慢慢地就写好了，你要是这样，肯定也能写好！

70. 演讲小失误不影响你，以后多练习，下次就好了！

71. 这次考试没达到预期，但你心态蛮好的，多做点不同类型的题，一定能进步！

72. 比赛名次不重要，你的风格很独特！不过多研究下技巧，应该会画得更好！

73. 别为体育成绩发愁了，只要调整下姿势，应该就没问题！

74. 航模飞行效果欠佳，但你设计的造型超酷，只要调试好动力系统，一定能出成绩！

75. 你跳舞的动作和表情都很棒，下次表演前放松点就好了！

76. 围棋比赛虽然失利，但你思路巧妙，多复盘一下，下次定能反败为胜！

77. 虽然表演效果未达预期，但你很勇敢，以后多揣摩角色内心，肯定能打动观众！

78. 唱歌比赛虽然没晋级，但你音色好，学一下发声技巧就能脱颖而出！

79. 尽管这次的作品不够完善，但你很有创意，下次好好准备，一定可以拿出好作品！

80. 口语比赛没发挥好，但是别灰心，你发音非常标准，注意控制语速，再接再厉！

还可以这样夸

81. 我们知道你落选了很难过，但你对音乐的热爱有目共睹，以后多做些针对性练习，一定能被选上！

82. 别灰心，这只是小测验，我相信，只要做好查漏补缺，成绩一定会回升！

83. 我很欣赏你的创意，但画面构图要是能优化一下，作品就更完整了！

84. 你在赛场上的坚持比拿第一更让我们骄傲！要是每天练习，肯定能出成绩！

85. 竞选班长没成功不是坏事，你得到了很好的锻炼，下次可以准备充足些，我们支持你！

86. 这次的手工作品有点瑕疵，可你的专注我们都看到了，下次可以再细心点！

87. 你的解题方法很独特，我们看到了你的潜力，下次竞赛把握好时间，你肯定行！

88. 老师说你练习舞蹈很刻苦，只是动作细节还不到位，下次上课多请教老师，会越来越好的！

89. 妈妈很喜欢你作文里的奇思妙想，要是能再琢磨下语言表达和结构安排就更好啦！

90. 我们很欣赏你勇于尝试的精神，如果能做出总结就更好了！

91. 我们知道你全力以赴了，别太在意失败，下次考试放平心态，一定能发挥好！

92. 我们很高兴看到你在球场上积极防守、努力拼搏，以后多和队友训练，下次比赛肯定能赢回来！

93. 爸爸看到了你练习书法很认真专注，只是对字体结构把握还不太好，多临摹，自然会好起来！

94. 你在台上声音洪亮，大方自信，下来多练习朗诵技巧和情感表达，肯定能更出色，爸妈永远支持你！

95. 我看到你演奏时特别投入，只是节奏有点小问题，练习时多用节拍器，下次演奏肯定零失误！

96. 虽然实验没成功，但你观察仔细、记录详细；失败只是暂时的，继续探索才有新发现！

97. 你耐心地教妹妹画画，我们特别高兴，下次再想些小游戏，就能玩得更开心啦！

第四节 小事放大：从整理书包到系鞋带的“高光时刻”

成长小剧场

傍晚，天色渐暗，暖黄色的灯光照在杂乱的书桌上。琪琪望着摊开的课本、练习册和文具，愁眉苦脸地问：“这么多东西，怎么收拾啊？”

妈妈走进房间，笑着说：“别着急，把整理当成游戏，很快就能完成。”她拿起几本课本，让琪琪放进书包的第一层。琪琪认真地抚平书角，妈妈夸赞道：“不错，知道课本的重要性！”

整理作业本和练习册时，琪琪按科目分类放好，妈妈夸她态度认真；整理文具时，琪琪检查了笔尖和墨水，妈妈又夸她细心。就这样，在妈妈的引导和夸赞声中，琪琪整理好了书包。

她兴奋地大喊："好啦，原来没那么难！"妈妈欣慰地说："你做得很棒，以后可以自己独立收拾了。"琪琪自豪地宣布："对，以后我都自己整理！"妈妈点点头，说："妈妈相信你，加油！"房间里充满温馨，琪琪脸上洋溢着自豪与快乐！

爱心分析站

亲爱的家长们，从琪琪整理书包这件事中，我们可以学到许多教育智慧。妈妈的做法非常值得称赞，她没有直接代劳，而是选择引导琪琪。如果家长总是帮孩子做事，孩子就会失去尝试和学习的机会。琪琪起初不知道如何收拾书包，妈妈并没有催促，而是耐心地教她步骤，让她能够放心尝试。

需要强调的是，在日常小事中鼓励孩子是非常重要的。例如，当琪琪抚平书角、检查笔尖时，妈妈及时给予夸赞，这让她感受到了认可，从而更有动力去做接下来的事。而孩子在小事上取得成功，则能够有效提升他们的自我效能感。这也是鼓励和赞美的力量——让孩子相信自己能够做到。

因此，当孩子遇到困难时，家长们应该像琪琪的妈妈那样，不代劳、不催促，给予更多的指导、鼓励和表扬。要先让孩子在小事中积累经验、收获自信，未来面对更大的挑战时，他们才能勇敢地说出"我能行"。

理论小课堂

家长们，这里涉及一个非常重要的理论——自我效能感理论。所谓自我效能感，即个体内心对自己能否成功完成某件事的一种主观判断和坚定信念。

我们可以将孩子心中的自我效能感想象成一个“自信小火箭”。每当孩子成功完成一件小事后，这个“自信小火箭”就如同加满了燃料，获得了前进的动力。随着一次次小事的成功，“自信小火箭”会不断积蓄力量，逐渐在孩子的成长天空中飞得更高更远。

如果家长总是心疼孩子，事事代劳，那么孩子就失去了经历风雨和尝试挑战的机会，也就无法获得成功的体验，这样一来，他们心中的“自信小火箭”只能一直停滞不前，时间久了，甚至连原本的能量都会慢慢消散。因此，家长们一定要多鼓励孩子付诸行动——即便是看似不起眼的日常小事，让他们在成功的体验中不断增强自信。

夸夸工具包

可以这样夸

98. 你今天主动整理了自己的书桌，书本摆放得整整齐齐，玩具也分类收纳好了，真的很棒！

99. 你现在洗碗比之前更熟练了，还知道节约用水，进步可真大！

100. 你能自己独立完成扫地，妈妈相信以后更难的家务你也能做好！

101. 爷爷说，你会主动帮忙倒垃圾，还夸你懂事！

102. 哇，没想到你叠衣服这么厉害，又快又整齐，太让我惊喜啦！

103. 你以前收拾房间总是丢三落四，这次却把所有东西都归位了，进步超级大！

104. 看到你主动帮忙擦桌子，妈妈心里特别温暖！

105. 我知道收拾房间有点累，你还坚持做完，真的很不容易，为你点赞！

106. 你扫地这么认真，学习上肯定也能这么细致，作业一定不会出错！

107. 帮妈妈分担家务，让咱们家更整洁温馨，你可帮了大忙啦！

108. 你已经是家里的家务小帮手了，以后有家务都要找你帮忙咯！

109. 你扫地的样子就像个勤劳的小蜜蜂，一刻都不停歇！

110. 这么难收拾的房间你都能整理好，要不要挑战一下帮爸爸收拾车库？

111. 本来以为你会觉得收拾房间很麻烦，没想到你做得这么好，真厉害！

112. 这次收拾房间，你发现了什么小窍门吗？可以跟妈妈分享一下哦！

113. 你的收纳方法很有创意，下次妈妈也试试！

114. 这次整理书架，你不仅把书分类摆放，还做了小标签，细节满分！

还可以这样夸

115. 今天好棒啊，主动去写作业了，都不用妈妈提醒，你真是长大了呀！

116. 以前叠衣服歪歪扭扭，现在叠得像豆腐块，你这动手能力跟专业收纳师有得一拼啦！

117. 之前收拾玩具要催好久，今天主动快速整理好，你主动做事的样子真好看！

118. 上次整理衣柜翻得一团糟，这次分类挂放很有序，看来以后家里的衣柜整理就靠你这个"小管家"啦！

119. 看到你主动帮忙摆碗筷，爸爸妈妈心里暖暖的，以前你总是需要提醒，但现在你已经养成了好习惯！

120. 你连角落里的灰尘都扫干净，真是越来越有责任心啦！

121. 鞋子刷得这么干净，你又获得了一项新技能啊，比前期强多了！

122. 之前乱糟糟的书架被你整理得这么好，以后找书就方便多了！

123. 今天每片菜叶都洗得很干净，以前你总是囫囵吞枣，但这次你真的帮了大忙啦！

124. 衣服叠得这么整齐，不像以前那么歪歪扭扭了，你动手能力进步好多呀！

125. 把房间收拾得这么整洁，哇，哪里还有以前房间的样子，你厉害了呢！

126. 你把餐桌收拾得很好，比以前细心很多，给你点赞哦！

127. 以前你最不喜欢倒垃圾了，现在却很积极，不怕脏，不怕累，妈妈真的对你刮目相看！

128. 谢谢宝贝帮我浇花，以前你总是会忘记，但这次你不仅记得，还浇得很仔细，做得棒极了！

129. 以前你跑几步就喊累，现在都能轻松跑完好几圈了，看啊，你的身体素质和毅力都提升了好多！

130. 你从前一遇到困难就哭鼻子，现在学会自己想办法解决问题了，我想以后没什么能难倒你了！

第五节 重塑视角：从“结果好坏”到“享受过程”的夸赞艺术

成长小剧场

得知学校要举办创意手工大赛，轩轩兴奋得眼睛放光，很快就在脑海中勾勒出了超酷机器人城堡的模样。放学铃声一响，他就背着书包飞奔回家，冲进自己的房间，从角落里翻出了废旧纸盒、塑料瓶和彩色卡纸。

说干就干，然而，难题也接连不断。纸盒又硬又厚，他每剪一下都很吃力，一个小时过去了，他才好不容易剪出了各种形状。到了拼接环节，没想到普通胶水粘不住纸板，这把他急得在屋子里直打转。

妈妈听到动静，走进来了解情况，然后拍了拍轩轩的肩膀，说：“你的创意很棒，动手能力也很强，而且能自己剪出形状就已经很不

容易啦，接下来，我们一起想想办法吧！”于是，在妈妈的指导下，轩轩上网搜索出了更好用的模型胶。

第二天，妈妈买回了模型胶，轩轩立刻开始涂抹、拼接，又用彩色卡纸做出了旗帜，将塑料瓶变成了机器人。很快，机器人城堡完成了。轩轩看着自己的作品，脸上满是自豪。妈妈赞许地说：“遇到困难不放弃，努力解决问题，比任何作品都珍贵！”轩轩用力点头，眼神坚定：“妈妈，我以后还要做更多有趣的手工！”

爱心分析站

亲爱的家长们，从上述故事中不难看出，关注孩子的努力过程远比只看重结果更为重要。在日常生活中，许多家长都习惯于关注成果，例如手工比赛获奖、考试成绩、比赛名次等，殊不知，这样做并不可取。

如果过度关注结果，孩子就可能会过分追求外在成就，忽略过程中的学习和成长。相反，如果重视并夸奖孩子在过程中的努力与坚持，则能够有效激发他们的内在兴趣和动力，使他们更加享受学习和探索的过程。所以，当孩子面临挑战时，家长应该及时给予鼓励与支持，并引导他们积极寻找解决方案，就像轩轩妈妈那样。

理论小课堂

家长们，在这个故事中蕴含着一个引人入胜的理论——心流理论。这一理论描述的是个体在全身心投入某项活动时，所进入的一种忘我状态。在这种状态下，人们会体验到极大的愉悦和满足感。例如，当轩轩专注地制作手工时，他完全沉浸在自己的世界中，似乎周围的一切都已不存在，这便是进入了心流状态。

当孩子处于心流状态时，他们的内在满足感会显著提升，这种满足感远比单纯获得一个好结果所带来的快乐更为强烈和持久。不仅如此，这种满足感还会转化为强大的学习动力。例如，轩轩在手工制作过程中体验到了乐趣，因此他下次会更加迫不及待地尝试新的手工创作，渴望探索更多的可能性。

如果家长总是过分关注结果，孩子将难以进入心流状态。他们会被结果的压力所束缚，无法全身心地投入正在做的事情中。因此，我们需要引导孩子享受过程，让他们在探索中寻找乐趣，帮助他们在充满乐趣的成长道路上不断前行！

夸夸工具包

可以这样夸

131. 你不停地尝试各种不同的方法，就像一位勇敢的探险家，真了不起啊！

132. 碰到难题的时候，你一直在坚持思考，是不是感觉自己越来越厉害了？

133. 虽然这次暂时没有成功，但你勇敢尝试的每一步都在积累宝贵的经验！

134. 哇，你终于把这道题攻克啦！你肯定为自己的坚持和努力感到骄傲，对不对？

135. 这次讲故事逻辑很清晰，多积累素材，就能成为故事大王！

136. 你每天都坚持背诵英语，积累了大量的词汇和知识，这就是收获，继续加油哦！

137. 虽然还不知道作文最后会在比赛中得到什么样的成绩，但自我提升的过程更重要，对吧！

138. 你在学习过程中善于思考、勇于尝试，锻炼了自己的思维，给你大大的赞！

139. 你在积极主动地寻找解决办法，这比结果更重要！

140. 你每天坚持跑步，坚持就是胜利，继续加油！

141. 你准备得太充足了，过程一定不容易，你肯定学到了很多，非常棒！

142. 遇到难题，主动出击，你现在的状态好极了，很享受这种挑战自我的感觉吧？

143. 你现在能坚持游完整个泳道，真厉害，看来最近的训练你都认真对待了！

144. 这么认真地对待作业，肯定很享受学习新知识的过程，对吧？

145. 这次跑步速度提升了，坚持锻炼，运动会肯定能拿好名次！

146. 我能理解你现在的失落，但也相信你从这次经历中学到了很多！

147. 你玩魔方速度提升了，多钻研提速的技巧，肯定能挑战更高级的玩法！

148. 这个解题方法很巧妙，想想刚才思考的过程，有没有什么心得呢？

还可以这样夸

149. 你努力尝试了多种方法解题，很辛苦，也很有趣，坚持下去，你马上就能找到解题方法了！

150. 你遇到难题却不放弃，难题就会变得越来越少哦！

151. 这次失败了也没关系，下次遇到挑战，你就能轻松应对啦！

152. 你每天都坚持练习，实现目标是迟早的事，爸爸妈妈永远支持你！

153. 你反复思考的认真劲儿，会让你收获很多惊喜的，加油哦！

154. 你每天都在练习，手指会越来越灵活，以后一定能弹奏出更动听的曲子！

155. 数学考试前认真复习错题，成绩一定会进步，相信自己能做到！

156. 认真练习书写，以后一定能写出更漂亮的字，期待看到你的进步！

157. 实验失败了那么多次都没放弃，你以后一定能成功，相信付出总会有回报！

158. 你做了这么多练习，都不觉得累，以后无论是考试还是比赛，相信你都能从容应对哦！

159. 坚持每天背单词，词汇量会越来越大，要不了多久你就能轻松阅读英文原著了！

160. 每天坚持复习和训练，这次考试一定没问题，加油！

161. 你为达成目标制定了详细计划，这对以后的学习会有很大的帮助，爸爸妈妈真佩服你！

162. 你最近一直在坚持练习跳绳，越来越熟练了，你一定能在校运会上一展身手！

163. 这次虽然没成功，但你的努力已经为下一次的成功打下基础。下次一定能做出更完美的手工！

164. 你这次数学作业里解决难题的思路很独特，展现出了很强的逻辑思维能力，继续保持，以后说不定能成为数学家呢！

165. 你的节奏感和表现力都很棒，舞姿优美动人，坚持练习，以后能登上更大的舞台哦！

第二章

场景化夸奖

让赞美融入生活细节

第一节 夸出自主学习力：让孩子爱上主动学习

成长小剧场

周末的清晨，小林本想在被窝里多赖会儿，但想起爸爸昨天的鼓励，他咬咬牙，还是爬了起来。洗漱完，他走进客厅，看到爸爸正在阳台上浇花。爸爸回头看到他，笑着说：“我就知道你能早起，真棒！我相信你今天的学习也一定安排得很好。”小林听了，心中涌起一股动力，暗下决心，今天一定要加油。

吃完早饭，小林坐到书桌前开始写作业。写着写着，一道数学题难住了他，他思考了好一会儿，还是没有头绪。几近放弃的时候，他突然想起刚才的决心，于是打起精神，翻出课本，仔细研究例题，不停地演算。

经过一番努力，小林终于解出了这道题。他兴奋地把答案拿给爸爸看。爸爸竖起大拇指说："你看，天下无难事，只怕有心人！你今天能主动早起，主动思考，真的越来越棒了！"得到爸爸的夸赞，小林心里乐开了花，更加坚定了努力学习的决心。

爱心分析站

在这个温暖的成长故事里，我们清晰地看到夸赞、主动和积极之间有千丝万缕的联系。

爸爸的夸赞是小林成长路上的催化剂。当爸爸笑着肯定小林早起，并表达对他学习安排的信任时，小林心中已经萌发了主动的新芽。他不再贪恋被窝的温暖，而是主动开启了充实的一天，这就是夸赞给予孩子的力量！

遇到难题的时候，爸爸之前的夸赞像一束光，照亮了小林几乎要放弃的内心。潜意识里，他不想辜负爸爸的信任，于是积极主动地查阅课本、钻研例题。这也是夸赞带来的动力，让孩子在面对困难时，选择积极应对。

成功解题后，爸爸的再次夸赞让小林感受到了认可，收获了满满的成就感。这种成就感将转化为他后续学习的强大动力，激励他在未来更主动地迎接挑战，面对困难时也会更加积极。

理论小课堂

家长们，我们不妨来了解一下极具价值的“自我决定理论”。它告诉我们，在成长的道路上，孩子会有三种至关重要的心理需求：自主需求、胜任需求和归属需求。

自主需求体现了孩子对自主权的追求，即期望能够自行掌控行动的节奏、内容和方式。在教育过程中，家长们应该给予孩子适当的自主空间，让他们感受到对事物的掌控力，从而激发其内驱力。胜任需求是指孩子在完成任务后所产生的成就感。此时，爸爸妈妈的及时夸赞能进一步强化这种感受，这样一来，孩子在面对后续的挑战时，就会更有勇气和信心。归属需求则反映了孩子对情感支持和归属感的心理诉求。他们很需要家人的关爱、关注和支持，而归属感能给予孩子情感上的慰藉，让他们更热爱生活。

这三种心理需求隐藏在日常生活的方方面面中，所以，家长们应该多多给予孩子鼓励与支持，及时满足这些需求，从而激发他们的潜能。

夸夸工具包

可以这样夸

166. 今天你6点就起床了，比平常提前了30分钟，这么高效自律，太棒了！

167. 你之前做作业总是拖拖拉拉，今天又快又好，继续保持，你会越来越优秀！

168. 能自己想出解题思路，说明你有独立思考和解决问题的能力，给你点赞！

169. 生物老师夸你在课堂上对生物知识的见解很独到，继续加油！

170. 哇！这次自己独立写的作文也很棒，太让我惊喜了！

171. 看到你主动尝试和新朋友交流，妈妈真的特别开心！

172. 我知道主动锻炼身体不容易，但你做到了，这种毅力太可贵了！

173. 和外国人交流难免会紧张，可我注意到你在努力表达自己，勇气可嘉！

174. 主动参加公益活动非常有意义，你做得很好！

175. 你一直对新奇的事物充满好奇，这次主动找老师请教问题，太符合你的探索个性了！

176. 数学推导用全新思路，太厉害啦！下次遇到更复杂的题目，相信你也能做出来！

177. 为了搞懂历史事件查阅好多资料，就像专家做学问一样认真执着啊！

178. 我还以为你会对复杂的数学推导犯难，没想到你主动尝试新方法，太让我惊喜了！

179. 你这是开启了学霸模式吗？以后说不定能成为“知识界的超级英雄”！

180. 看到你在学习上越来越独立，妈妈打心底里高兴！

181. 你就像一个创意大师，不断给我们带来惊喜，期待你更优秀的作品！

182. 你在学习上的积极主动，已经成为弟弟妹妹学习的榜样，继续保持！

还可以这样夸

183. 我看到你在主动整理笔记，不用说，这种学习方法会让你受益无穷！

184. 你的坚持和努力我们都看在眼里，相信你最终能得偿所愿！

185. 你这么喜欢思考和探索，相信这个过程一定会给你带来惊喜！

186. 我看到你在不断尝试，虽然还没成功，但我相信你一定能找到答案！

187. 很高兴看到你在独立思考问题，你肯定能从中学到很多东西！

188. 你把屋子收拾得很整齐，肯定也能把学习安排得井井有条，我相信你！

189. 你开始主动与人沟通，相信你以后能轻松应对很多问题啦！

190. 你主动参加体育锻炼，做得很好，以后会越来越有活力哦！

191. 你学画画没多久就能把色彩搭配得这么好看，说不定以后会成为很有名的画家呢！

192. 我发现你特别会照顾大家的感受，以后肯定能交到更多好朋友！

193. 你读了这么多书，知识面越来越广，未来一定还能在书中找到更多宝藏！

194. 你主动去图书馆借书，还和我分享知识，毫无疑问，你很享受这个过程！

195. 你这么有责任感，以后肯定能把自己的事安排得明明白白，妈妈看好你！

196. 我相信你可以自己安排好这次的活动，你一定能做到！

197. 你自己制定了学习计划，还能严格执行，这种能力会帮助你实现目标，相信自己！

198. 这次的任务完成得很好，我相信以后不管是什么任务，你都能出色地完成！

第二节 社交场景：从害羞到自信地夸赞

成长小剧场

学校要举办文艺演出，爱唱歌的暖暖很想参加，可一想到要站在全校师生面前表演，紧张和害羞就像两座大山压得她不敢报名。

这桩心事没有逃过妈妈的眼睛，这天晚上，妈妈温柔地问她：“宝贝，妈妈感觉你好像有心事，是不是和表演有关呀？”暖暖惆怅地说：“妈妈，我想参加文艺演出，但又不敢，也不知道怎么准备。”

妈妈鼓励她：“别怕，我想说的是，首先你唱歌很好听，其次，如果一个人压力太大，那你可以试着邀请同学一起准备，你觉得呢？”暖暖听了妈妈的话，心里有了几分底气。

暖暖邀请了几个同学，大家都很开心，还约好一起排练。在后来的排练中，暖暖发现大家意见不一致，有些不知所措。妈妈知道后，对她说："你已经迈出了第一步，这非常好！现在大家的想法不一样，这很正常，你可以先听听他们怎么说，再谈谈自己的想法，大家商量一下，一定能找到好办法！"后来，暖暖照着妈妈的建议做了，并在交流中逐渐放松下来。

表演那天，暖暖和同学们自信地走上舞台，收获了无数掌声。回到家后，妈妈高兴地抱住她："宝贝，你做到了，而且做得很好！"

爱心分析站

亲爱的家长们，我们的孩子在社交中会经常遇到这类难题。很多孩子像暖暖一样，因为害羞或害怕，不敢主动参与集体活动，即便参与了，在与同学合作时也可能会因为不知道如何沟通、协调而感到困扰。

面对这些问题，我们应该像暖暖妈妈一样给予孩子正确的引导。比如在赞扬和鼓励的同时，教授孩子一些简单的方法，帮助他们克服害羞或害怕的心理，以及让他们明白如何协调与合作。

不难看出，夸赞在这个过程中起到了关键作用。当孩子勇敢迈出第一步时，我们就需要给予表扬；看到孩子在合作中有所收获，也要给予肯定。这些简单的话语，能让孩子感受到力量，促使他们更积极地参与社交活动。

理论小课堂

家长们，孩子们从不敢表现到勇敢展示，这一转变背后隐藏着一个非常重要的心理学原理——班杜拉的社会学习理论。简单来说，孩子们会通过观察和模仿来学习各种行为，尤其是社交行为。

在生活中，孩子们往往会先关注和观察父母是如何与人交流，譬如父母是如何用温和的语气和别人交谈，如何分享经验和物品，如何处理矛盾等，然后模仿父母的行为方式去解决一些力所能及的问题。在这个过程中，如果父母给予及时的鼓励和夸赞，他们就会尝试更多可能性。

所以，作为家长，我们要时刻注意自己的言行举止，同时及时给予孩子夸赞和鼓励。这样，孩子们就会在不断地模仿和正向反馈中，逐渐建立起自己的社交技能和自信心，并最终学会如何根据不同的情况和对象灵活地调整自己的社交策略，变得更加机智和从容。

夸夸工具包

可以这样夸

199. 你主动邀请同学一起讨论，能迈出这一步真是太厉害啦！

200. 你的想法被大家认可，这种被肯定的感觉是不是超棒？

201. 表演成功，收获了那么多掌声，你肯定为自己感到自豪吧！

202. 你说出来自己的想法，比以前勇敢了，给你点赞！

203. 你教同学唱歌的小技巧，心里一定充满了快乐！

204. 和同学一起设计表演服装，把大家打扮得美美的，你在设计方面太有天赋啦！

205. 你在排练时提出意见，并得到大家的认可，真是沟通小能手呀！

206. 你看，你的分享能让团队更好，你做得很棒呀！

207. 我注意到你和小伙伴发生小矛盾时冷静地解决了问题，你处理事情的能力越来越强了！

208. 你今天在新朋友面前主动介绍自己，你其实很善于交朋友，对吧！

209. 你在小伙伴难过的时候安慰了他，做得非常好！

210. 你让大家有序排练，很有组织能力，自己也很满意吧！

211. 你对朋友信守承诺，答应的事都认真做到，值得表扬！

212. 和同学一起写歌词，这可是独一无二的成果，你是不是也很骄傲啊？

213. 你会用幽默的话语逗小伙伴开心，大家一定很喜欢你！

214. 你倾听别人讲话的样子真可爱，认真倾听是非常好的社交习惯哦！

还可以这样夸

215. 今天邻居张阿姨看到你主动帮忙打扫小区卫生，一直夸你懂事又热心呢！

216. 上次学校组织活动，听老师说你负责的环节完成得又快又好，是个靠谱的小帮手！

217. 给你辅导作业的哥哥说你特别有学习天赋，一点就通！

218. 外婆说你帮她做了不少事，逢人就炫耀有个贴心小宝贝！

219. 你们班同学都说你是故事大王，讲故事特别精彩，你肯定花了不少心思吧！

220. 舞蹈老师跟妈妈说，你在课堂上的表现力越来越强了，而且比其他同学做得标准！

221. 爷爷说你组装的书架又牢固又好看，比他自己弄得还好，你的动手能力越来越厉害了！

222. 听同学说，在小组讨论中，你总能提出特别新颖的想法，大家都愿意听你的！

223. 上次参加比赛，有家长夸你在赛场上不慌不忙，特别沉稳，像个小大人一样！

224. 同学家长跟我说，你在他们家玩的时候特别懂事，还帮忙收拾玩具，他们可喜欢你了！

225. 王阿姨看到你在小区花园照顾流浪猫，夸你有爱心，是个善良的好孩子！

226. 你帮妈妈做的晚餐，爸爸吃了直竖大拇指，说比外面餐厅的还好吃，你就是我们家的大厨啊！

227. 学校运动会上，其他班同学都说你跑步像风一样，你为班级争了不少光呢！

228. 姥爷说你下棋越来越有策略了，有时候连他都要认真思考才能赢你，你进步太大啦！

229. 上次家庭聚会，你主动给长辈们倒茶，大家都夸你越来越懂事了！

230. 老师提到你在小组活动里主动承担任务，夸你有责任心，我心里可骄傲了！

231. 你今天巧妙地帮小伙伴解了围，旁边的叔叔阿姨都悄悄夸你机灵呢！

第三节 家庭责任：家务中的价值感赋予

成长小剧场

暑假的一个午后，酷热难耐，佑佑躺在沙发上吹着空调，吃着冰棍，悠闲地看着电视。妈妈想了想，走上前关掉电视，转身对佑佑说："佑佑，我们来玩个'角色互换'的游戏吧，今天你当一天'家长'，我来当'孩子'，怎么样？"佑佑一听，顿时来了兴致。

妈妈给佑佑系上围裙，交代他先打扫卫生，然后整理自己的房间。佑佑立刻行动起来，虽然有些笨拙，但在妈妈的指导下，没过多久就完成了打扫。妈妈见状高兴地说："你这么快就找到方法了，真厉害！"

接着，佑佑又马不停蹄地整理起了自己的房间。他整理了杂乱的书和文具，收拾好了玩具。妈妈在一旁夸赞道："你整理得很有条理，

比妈妈平时整理得还好呢！”整理床铺时，又厚又大的被子让佑佑费了好大劲，但他还是坚持叠好了。妈妈又笑着说：“叠这么厚的被子很辛苦吧，恭喜你做到了，真棒！”

经过一下午的忙碌，佑佑完成了所有任务。妈妈看着他，开心地说：“今天的‘家长’佑佑太给力了，我这个‘孩子’好幸福呀！”佑佑擦着额头上的汗珠，咧开了嘴。

爱心分析站

亲爱的家长们，通过上面这个故事，我们可以发现“角色互换”和及时夸赞是引导孩子参与家庭事务的好办法，它让孩子有机会站在家长的角度去体验生活。

一方面，孩子们平日里并不一定能体会到家长的付出。通过这个“游戏”，他们能更加理解父母的不易，更懂得珍惜他人的劳动成果。另一方面，家长适时的夸奖则能帮助孩子建立起责任心。

故事里，佑佑每完成一项任务，妈妈都会及时给予肯定，而这些夸奖让佑佑在辛苦的劳动中获得了成就感，也在他心里种下家庭责任的种子，让他更愿意参与到家庭事务中。所以，家长们不妨多利用“角色互换”和真诚的夸奖，去培养孩子的责任感和各种能力。

理论小课堂

家长们，“角色互换”并非简单的游戏，它的依据是心理学中的“角色理论”。这个理论认为，每个人在不同的生活场景里都承担着各种各样的角色，而每个角色都伴随着特定的责任和行为模式。

通常，孩子们在家庭里扮演的是被照顾的角色，但在“角色互换”游戏中，他们切换到了“家长”角色，要承担起打扫卫生、整理房间等日常事务。实际上，他们努力扮演“家长”，尽力完成任务的过程，就是理解和实践新角色的过程，而在成功完成新角色赋予的任务时，他们会收获“角色价值感”。

在听到家长的夸奖后，他们心里会充满自豪，这恰恰是临时角色所赋予的价值感的体现。这种价值感会激励孩子不断成长，让他们学会担当，提升自己的能力。所以，家长可以多创造这样的角色体验机会，帮助孩子更好地理解不同角色的意义，促进他们全面发展。

夸夸工具包

可以这样夸

232. 今天家里能这么整洁，全靠咱们的“超级家长”辛勤劳动，给你点赞！

233. 小当家把家务活儿完成得这么出色，真厉害！

234. 恭喜你解锁家长新皮肤，现在知道自己是个家务小能手了吧？

235. 这收纳工作堪称完美，我们的“收纳大师”果然名不虚传！

236. 桌子被你收拾得整整齐齐，小管家的能力不容小觑！

237. 地扫这么干净，今天的小家长干得真棒！

238. 垃圾分类做得这么好，小管家很称职！

239. 今天当家的真厉害，碗洗得亮晶晶！

240. 做家务这么专注，像个十足的小大人，太让人骄傲了！

241. 值日家长把衣服叠得这么整齐，这手艺绝了！

242. 书架整理得井井有条，我们终于有家庭图书管理员了！

243. 你连角落都打扫干净了，真是个细心的小管家！

244. 客厅看起来整洁了好多，工作很称职哦！

245. 早餐很不错，我们的小厨师有模有样！

246. 你自制的清洁小工具超管用，小发明家的点子真多！

247. 你帮忙照顾弟弟妹妹，这位小家长可真了不起！

248. 今天的行程安排得太好了，原来你这个小导游这么厉害！

还可以这样夸

249. 洗菜、切菜、摆盘样样在行，你真棒，下次可以试试炒菜了！

250. 书房都被你收拾得井井有条，下次客厅也交给你，你肯定都能轻松搞定！

251. 这次野营，你的建议非常棒，下次活动就交给你了，你肯定能安排得很棒！

252. 你写的家庭健康打卡计划太棒了，监督工作也交给你啦！

253. 你现在做清洁有条不紊，以后家里的大扫除，你就是主力军了！

254. 你把房间布置得好漂亮，以后家里装修，你肯定也能出不少好主意！

255. 菜洗得这么干净，真是我的好帮手，以后厨房里有你帮忙，我做饭都更轻松了呢！

256. 你给猫咪制定的健康计划太专业了，看来记录它健康状况的小任务非你莫属啦！

257. 你上次列的清单超实用，真是理财小天才！下次采购的任务也交给你啦！

258. 你拍的照片构图超棒，以后旅行，你要多拍点照片哦！

259. 你帮奶奶种花，挖土、浇水、施肥都做得很好，奶奶说可以把小花园交给你负责了哦！

260. 你给爷爷捶背、陪爷爷下棋，哄得爷爷特别开心，以后每周安排一个固定的时间陪爷爷吧！

261. 这次家庭聚会，你忙前忙后，特别用心，下次聚会就由你来组织吧！

262. 你把自己的小书桌收拾得好干净，爸爸妈妈的书桌也拜托你帮忙整理啦！

263. 你帮妈妈拆了快递，还把包装都整理好，真懂事！以后就由你去取快递，没问题吧？

264. 你在家庭会议上积极发言，还做了总结，太沉稳了，以后家庭会议的主持人就是你了！

第四节 情绪管理：用夸奖化解冲突

成长小剧场

这天晚上，晓妍坐在书桌前专注地刷着短视频，这时妈妈下班回家，看到这一幕，不满地说：“晓妍，作业写完了吗？就知道玩手机，眼睛还要不要了？”

被批评的晓妍扭过头，不耐烦地回应：“我刚休息一会儿，你一回来就唠叨，烦不烦啊！”妈妈的怒气一下子被点燃，激动地说：“我每天辛苦工作都是为了你，你就这么回报我？不好好学习，就知道玩手机！”晓妍感到无比厌恶，怒吼道：“你别管我，我的事自己说了算！”

就在这时，爸爸回来了。他了解了情况，走到晓妍身边，温柔地说：“爸爸知道你学习很辛苦，你每天早起背单词，爸爸都看在眼里。写累了，想放松一下也很正常。你跟妈妈好好沟通，妈妈也不是不讲理的人，你觉得呢？”

晓妍的情绪渐渐平复，心里涌起一丝愧疚。在爸爸的示意下，她走到妈妈面前，真诚地道了歉：“妈妈，对不起，我只是累了想放松一下，以后一定会注意的！”此刻，妈妈也意识到自己的急躁，摸了摸晓妍的头，说：“宝贝，我相信你一定能说到做到！”一场家庭风波就此平息。

爱心分析站

在日常生活中，家长与孩子因琐事发生冲突的现象并不少见。事实上，孩子在成长过程中会面临学习、社交等多重压力，情绪往往变得敏感且不稳定。就像故事中的晓妍，她在结束一天的学习后，通过玩手机来放松，这可以说是一种正常的自我调节方式，然而，妈妈未能体察到孩子内心的疲惫与需求，仅仅从行为表面进行批评，这无疑成为引发孩子对抗情绪的导火索。

在类似冲突发生时，家长的应对策略至关重要。晓妍爸爸的做法值得借鉴。他首先对孩子的感受与合理行为给予了理解与肯定，让孩子在情感上获得认同，从而平复孩子的情绪，随后又巧妙地引导孩子以更合理、有效的方式解决问题。

需要注意，当孩子产生负面情绪时，家长们切忌强硬逼迫，要以平和的态度询问孩子内心的想法，挖掘背后的原因，从而找到有针对性的解决办法。当然，夸奖在化解这类情绪冲突中是很有用的策略，可以让孩子们更容易冷静下来，以理性的方式处理与家长之间的矛盾。

理论小课堂

家长们，这段故事里蕴含了一个著名的心理学理论——“情绪ABC理论”，A代表诱发事件，B代表个体对事件的想法、解释和评价，C则代表由事件引发的情绪和行为后果。

故事中，妈妈发现晓妍玩手机并加以指责是诱发事件。晓妍最初的想法是：“学习很累，休息时间玩玩手机是合理的，但妈妈不理解，我觉得委屈和生气。”这个想法所引发的情绪和行为后果则是：晓妍情绪激动地与妈妈发生了争吵。

随后，爸爸的理解、夸赞与引导有效地将晓妍的想法转变为：“我可以试着与妈妈交流，说说我的想法”，情绪和行为后果也随之改变：晓妍主动向妈妈道歉并表达了自己的想法。

请注意，孩子情绪不佳或与家长发生冲突时，不一定是事件本身在起作用，而很可能与孩子对事件的主观认知有关，家长们应当效仿晓妍爸爸的做法，通过理解、赞美和引导帮助孩子调整认知，从而改变情绪和行为。

夸夸工具包

可以这样夸

265. 你主动向爸爸妈妈承认错误，还能站在我们的角度思考，真是个暖心又懂事的孩子！

266. 刚刚你和小伙伴闹矛盾，没有直接发脾气，而是说“我有点生气了”，这种做法太棒啦！

267. 以前你遇到不开心就大哭，这次能自己慢慢冷静下来，进步太大啦！

268. 我相信，不管遇到什么让你生气的事，你都有办法好好说！

269. 老师说你在学校和同学有小摩擦时处理得很得当，你很会化解矛盾哦！

270. 今天你被误会还能保持礼貌，没冲动，这太让我惊喜了！

271. 看到你冷静处理和朋友的争吵，妈妈真的特别欣慰！

272. 我知道被批评心里不好受，可你没顶嘴，而是好好解释，真的很了不起！

273. 你刚刚跺脚了，说明你很生气，但还是控制住了情绪，太赞了！

274. 你用友善的方式解决了矛盾，让大家相处更开心，真棒！

275. 听说你是班级里的“和平小使者”，真厉害！

276. 这次你处理得很好，下次遇到别的矛盾，肯定也难不倒你！

277. 你没像以前一样哭鼻子，而是用行动证明自己能解决问题，真的长大了！

278. 希望下次遇到不公平的事，你也能像这次一样巧妙化解，我很期待哦！

279. 你处理矛盾的能力远超你的年龄，以后肯定能成为处理人际关系的高手！

280. 弟弟看到你这么会处理矛盾，都要向你学习，你是弟弟的好榜样！

281. 不管多委屈，你都有让自己开心起来的能力，我对你超有信心！

还可以这样夸

282. 你刚才努力克制住了摔门的冲动，我要给你点赞！

283. 我很高兴看到，这次认真地跟我解释了你的想法，这样很棒！

284. 我看到你回房间以后在做深呼吸，看来你已经开始学习管理情绪了！

285. 你昨天在房间里给我们写了一封信，这种理性沟通的方式真的值得称赞！

286. 排队等得不耐烦，你自己哼歌转移注意力，真有办法！

287. 同桌弄坏你的东西，你没计较，还一起修好，太大气！

288. 你和同学产生分歧的时候并没有吵闹，而是先倾听后解释，你做得实在太棒了！

289. 我知道你和朋友闹别扭了，但是你没有把朋友送你的小挂件随手扔掉，很让妈妈欣慰！

290. 上次和同学闹矛盾，本以为你会一直生气，可我看到你第二天就主动找同学搭话，让我好佩服！

291. 我看到你偷偷把朋友喜欢的零食装进书包，打算用零食来化解矛盾，你真的很用心！

292. 虽然与同学有了矛盾，但你还是在课间主动帮助同学解决难题，真不错！

293. 看得出来你最近心情不好，但是你没有一直待在房间里，而是出去跑步，这就对了！

294. 你被负面情绪困扰时没有一直抱怨，而是拿起了画笔，我很高兴你能这么做！

295. 小伙伴耍赖，你没生气，重新定规则，超有主见！

296. 别人嘲笑你，你不理会，专注自己的事，内心好强大！

297. 你想养宠物，妈妈说先考虑，你没哭闹，而是列举了养宠物的好处和计划，很有策略啊！

第五节　兴趣探索：如何夸出孩子的专注与热爱

成长小剧场

窗外车水马龙，屋内的乐乐却丝毫没有被打扰。她端坐在书桌前，小心翼翼地蘸好墨，轻轻铺开宣纸，拿起了心爱的毛笔。

爸爸路过书房，瞥见乐乐正在认真练习书法，只见她的目光紧紧跟随着笔尖，每一笔落下都沉稳有力，一撇一捺都写得极为认真。写到复杂的笔画时，她微微咬住嘴唇，反复琢磨着力度和角度。

过了许久，乐乐完成了一幅书法作品，她轻轻放下笔，长舒一口气，脸上露出了满意的笑容。这时，爸爸走上前，笑着说："我看了好久，你每一个字都写得很用心，遇到难写的笔画也不着急，慢慢研究怎么写得更好，你这认真专注的劲儿可太让爸爸佩服了！"

乐乐有些不好意思地挠挠头，说：“爸爸，我就是想把字都写得漂亮些。”爸爸鼓励道：“你对书法的专注与热爱很宝贵！有了这份专注和热爱，你以后在书法上肯定能取得很大的进步！”乐乐听后，开心地说：“我以后还要参加书法比赛呢！”

爱心分析站

亲爱的家长们，从乐乐练习书法的场景中，我们可以清晰地感受到孩子在兴趣活动中真实的内心需求。当孩子们投入自己热爱的事情时，他们内心深处更加渴望得到他人的关注和肯定，尤其是父母。

拿乐乐来说，她能全身心地投入书法练习中，是源于内心对书法浓厚的兴趣。爸爸适时的夸赞，对她来说是一种莫大的精神动力。这种动力不仅能让孩子在当下的活动中更有成就感，还会进一步强化他们对这项兴趣的热爱，让他们愿意投入更多的时间和精力去钻研。

当我们夸赞孩子在兴趣爱好上的表现时，其实是在告诉他们：“你为此付出的一切都是有价值的！”这能让孩子更加坚定地在兴趣之路上前行，面对困难时也能凭借这份热爱坚持下去。

理论小课堂

亲爱的家长们，这里涉及的心理学理论是内在动机理论。内在动机就是孩子内心深处主动想要去做某件事的驱动力，而兴趣就是激发内在动机的重要因素。

可以看到，乐乐不是被迫练习书法的，她是打心底喜欢书法，这种喜欢促使她主动且专注地练习，这就是内在动机在发挥作用。当孩子能够自主选择参与某项兴趣活动时，他们的内在动机会是十分强烈的。

由此可见，我们的夸赞就像是给他们的内在动机“加油”，可以不断激发他们的内驱力。有了充足的内驱力，孩子就像拥有了一台永不停歇的成长引擎，在自己热爱的领域里持续探索、不断进步，展现出强大的持久学习力。

夸夸工具包

可以这样夸

298. 你弹钢琴的时候完全沉浸在音乐里，那种专注的劲头超棒！

299. 你做手工的时候，每个细节都处理得恰到好处，佩服啊！

300. 你能花几个小时做这个模型，完成作品时一定特别有成就感！

301. 每次写作文你都全神贯注，你肯定很享受这个过程吧！

302. 这是你做的手工吗？太精致了，我都不敢相信自己的眼睛，你简直就是个小艺术家！

303. 你练习武术的时候，一招一式都认真专注，给你点赞！

304. 你读书时总是那么认真，一定学到了好多知识！

305. 我发现你拉小提琴时，音准把握得比上次好多了，能听出来你私下练习很努力，进步太明显啦！

306. 学习编程的时候，你努力解决一个又一个难题，真的很厉害呢！

307. 滑冰的时候，你摔倒了马上爬起来继续练习，值得表扬！

308. 每次看到你开心地投入喜欢的事情中，我也跟着特别开心！

309. 你每天坚持背诵单词和练习口语，进步很明显哦！

310. 你画画的时候真是太专注了，你的作品肯定超有创意！

311. 每一次练习都那么认真，你肯定能越来越好的！

312. 能坐几个小时下围棋真不容易，你认真思考的样子帅极了！

313. 像现在这样专注于每一笔每一画，你的字肯定会越来越有韵味！

314. 这次你主动选择了难度更高的绘画主题，而且画得这么出色，下次可以挑战更高难度了！

还可以这样夸

315. 你对历史故事这么感兴趣，要是把这种热情用在学习历史课上，一定能成为历史小专家！

316. 看你玩电子竞技团队配合得这么好，以后参加小组活动肯定也会很出色！

317. 你写作文时的想象力真丰富，这一定是因为你爱读故事书！

318. 你画得这么细致，这说明你有很强的观察力，用这种观察力去学习数学几何，一定也很棒！

319. 玩拼图这么厉害，学地理时认识地图肯定也超快！

320. 你画画这么棒，要是把这种创造力用在写作文上，你的作文一定非常优秀！

321. 你在课堂上回答问题时思路清晰，这一定是因为你平时爱思考！

322. 你和朋友聊天时特别风趣，要是把这种幽默感用在演讲上，一定非常吸引人！

323. 你玩游戏时的策略真棒，要是把这种思维用在学习上，你肯定会更高效！

324. 你玩拼图这么厉害，要不要试试把书架整理一下，我想你的书架很快就会变得井井有条！

325. 老师说你写作业可专注了，就像你玩拼图时一样，妈妈真为你骄傲！

326. 你玩滑板这么勇敢，学骑自行车肯定没问题，以后还能挑战更多更酷的运动！

327. 没想到你练武术时的毅力，在学习上也有所体现，真不是一般的孩子啊！

328. 玩多米诺骨牌这么有耐心，想想之前写作业有点急躁，是不是可以改进啦？

329. 看到你玩黏土时的创意用在布置房间上，妈妈心里满是自豪，真有想法！

330. 你能把玩桌游的推理能力用在解数学逻辑题上，爸爸真是佩服啊！

第三章

夸出高情商

从自我认知到共情力

第一节 看见情绪：如何夸出孩子的情绪表达力

成长小剧场

学校运动会的跑步比赛结束后，悠悠无精打采地回到了家。妈妈敏锐地察觉到了她的情绪变化，关切地问："悠悠，发生什么事了？你看起来好像不太开心？"

悠悠低着头，小声嘟囔着："今天的跑步比赛，我本来可以跑得很好的，但跑着跑着鞋带松了，结果摔了一跤，最终没能取得好名次。"说着，眼眶泛起了泪光。妈妈轻轻地把悠悠搂进怀里，安慰道："哎呀，摔得疼不疼呀？没拿到好名次，心里一定很难过吧。不过，你能摔倒后立刻爬起来继续跑，真的非常勇敢！"

悠悠听了，委屈地哭了出来："我好难过，我练了好久，就想跑个好成绩。"妈妈轻轻拍着悠悠的背，说："宝贝，你能把心里的委屈说给妈妈听，真的很棒！说出来就没那么难受啦，对吧？就像你说的，你练了这么久，所以下次一定可以，没问题的！"悠悠靠在妈妈怀里，慢慢地止住了眼泪，没过多久便平静下来。

爱心分析站

家长们，通过悠悠的故事，我们能深切体会到孩子情绪表达的重要性。在孩子的成长旅程中，他们会经历形形色色的事情，这些经历带来的情绪复杂多样，有欢乐喜悦，也不乏难过、委屈与失落。倘若那些负面情绪长期被压抑在孩子心底，得不到释放，孩子的内心会承受巨大的压力，长此以往，极有可能对他们的身心健康造成不良影响。

家长们在此时所给予的赞扬与疏导至关重要，能够让孩子意识到自己的情绪是正常的，而且是可接受和被理解的。这种赞美宛如一束温暖的光，照亮了孩子内心深处那些隐秘的角落，也让亲子之间的沟通变得更加顺畅，如同搭建起了一座坚固的桥梁。它不仅能帮助孩子缓解情绪上的压力，让孩子的内心恢复平静，还能让家长更深入地走进孩子的内心世界，了解他们真实的想法和需求，进一步增进亲子关系。

总之，当孩子出现情绪波动时，家长们要积极鼓励他们表达出来，巧妙运用赞扬的力量，引导孩子学会正确处理自己的情绪。

理论小课堂

在心理学上，情绪表达是人们将自己的情绪体验通过各种方式展现出来的过程，这对孩子的心理健康有着极大的积极影响。当孩子把情绪憋在心里时，负面情绪就像“小怪兽”，在心里横冲直撞，影响孩子的心情和状态，但当他们把情绪表达出来，就像是给这些“小怪兽”找到了出口，让内心恢复平静。

从大脑机制来讲，孩子倾诉情绪时，大脑中的一些神经递质会发生变化，像血清素、多巴胺这些“快乐因子”可能会增加，能让孩子感觉更轻松、愉悦。而且，经常表达情绪的孩子，更能认识和理解自己的感受，这有助于培养他们的情绪管理能力。学会了怎么驯服“情绪小怪兽”，以后再遇到类似情况，就能更好地应对啦！

夸夸工具包

可以这样夸

331. 你真的很勇敢，说出来就不用一个人默默承受啦！

332. 你清楚地说出了难过的原因，说明你很了解自己的情绪，特别厉害！

333. 你做得太好啦，情绪表达出来就不会一直憋在心里捣乱啦！

334. 你正在尝试与自己的情绪“和解”呢，做得漂亮！

335. 你以前一生气就会哭很久，现在能自己跟我分享感受，进步真大！

336. 这么快就调整好情绪啦，太让我惊喜了！

337. 你能把心里的情绪说给我听，我特别感动，这让我更了解你了！

338. 以后不管遇到什么让你不开心的事，希望你都能像今天这样说出来，你一定可以的！

339. 我知道刚才那件事让你有点难过，你能跟我说，真的很勇敢！

340. 我发现你在不开心的时候会先深呼吸，看来这个小方法很有用！

341. 你能正确表达自己的情绪，还能帮助小伙伴处理他们的小情绪，真是棒极了！

342. 你遇到不开心的事能很快调整好，这就是你的厉害之处！

343. 我还以为你会一直不开心呢，没想到你这么快就调整过来，太令人佩服了！

344. 你是不是偷偷学会了什么魔法，怎么一下子就把坏情绪赶跑啦！

345. 你看，把情绪说出来之后，是不是感觉好多了？以后都可以这样做哦！

346. 你把委屈倾诉出来的那一刻，就已经在打败坏情绪啦！

347. 你不仅把委屈说出来了，还能冷静分析为什么会这样，进步太大啦！

还可以这样夸

348. 你能把不开心说出来，妈妈很欣慰，这说明你很信任我，对不对？

349. 你把事情告诉妈妈，让妈妈更懂你了，妈妈理解你！

350. 你能清楚表达自己的难过，这让我们更了解你了，做得好！

351. 你表达情绪时条理清晰，我一下就明白了你的想法，这样很好！

352. 我知道失败会让人沮丧，你能很快调整情绪，这种乐观太可贵了！

353. 你把内心的委屈倾诉出来，这让我看到了你的成长，给你点赞！

354. 你把自己的小秘密告诉了我，我很珍惜这份信任，你是个勇敢的孩子！

355. 我们很高兴你愿意把心里话说出来，这让我们和你的距离更近了！

356. 你今天能平静地告诉我你的感受，我特别欣慰，也为你感到骄傲！

357. 我们发现你在表达情绪的过程中变得更开朗了，继续保持呀！

358. 我们很高兴你把心里的烦恼告诉我们，这是对我们的信任，我们很珍惜！

359. 你保护自己内心的样子太酷了，爸爸妈妈永远支持你！

360. 我很高兴看到你今天在处理情绪时比上次进步了很多，这说明你长大了！

361. 看来你找到了情绪的正确打开方式，不仅自己感觉舒服，也让周围的人感到安心，我真为你感到骄傲！

362. 我知道你是个很敏感的孩子，今天能用这么温柔的方式表达情绪，我很感动！

363. 我看到你今天在情绪管理上有了很大的进步，我相信以后你会做得更好，我会一直支持你！

第二节 同理心培养：从“小自私”到“小太阳”的转变

成长小剧场

周末，熙熙一家人围坐在客厅看电视，新闻里播放着志愿者帮助贫困地区孩子的画面。熙熙撇撇嘴说：“他们帮别人，自己能得到什么好处呀？还不如多花点时间赚钱呢！”

爸爸听了，认真地看着熙熙说：“宝贝，帮助别人可不只是为了得到好处哦！你想想，要是你遇到困难，别人帮了你，你会不会觉得温暖？”熙熙想了想，点头说：“应该会吧？”

妈妈接过话，说：“上次你在小区里迷了路，那个大哥哥带你找到家，你当时多开心呀！要是大家都只想着自己，不愿意帮助别人，那这个世界得多冷漠！”熙熙若有所思地点点头。

几天后，熙熙在学校看到同学摔倒了，膝盖擦破了皮。他想起爸爸妈妈说的话，赶紧跑过去，小心翼翼地把同学扶起来，关切地问：“你没事吧？疼不疼呀？”然后扶着同学去了医务室。

回到家，熙熙把这件事告诉了爸爸妈妈。爸爸高兴地说：“你今天做得太棒了，真是个善良的孩子，以后也要这样哦！”熙熙眨巴着大眼睛，飞快地点了点头。

爱心分析站

亲爱的家长们，培养孩子的同理心对他们的成长意义非凡。同理心能让孩子更好地理解他人的感受，与他人建立起深厚的情感连接，收获真挚的友谊。就像熙熙，从最初只考虑自己，到后来主动关心同学，这个转变就是同理心在发挥作用。

那么，怎么培养孩子的同理心呢？生活中，我们可以多给孩子创造感受他人情绪的机会，比如一起看感人的故事，讨论故事里人物的心情。当孩子做出关心他人的举动时，一定要及时夸赞，让孩子清楚知道自己的行为是值得肯定的，以此强化他们的同理心，这样一来，在遇到类似情况时，他们自然愿意伸出援手啦！

理论小课堂

家长们，我们这里提到的同理心，简单说就是站在别人的角度来看问题，设身处地、将心比心。从心理学角度，同理心发展分为四个阶段：

自我中心阶段：孩子主要关注自身需求与感受，难以理解他人想法，这属于正常认知发展阶段。

情绪识别阶段：孩子能简单识别他人情绪，比如看到别人哭，知道对方难过，但不太清楚如何提供帮助。

视角转换阶段：孩子开始站在他人角度思考问题，此时同理心逐渐走向成熟。

高级同理心阶段：孩子不仅能理解他人情绪，还会采取恰当行动帮助他人，展现出高度的同理心与责任感。

作为家长，我们要根据孩子不同的发展阶段，给予合适的引导。在孩子还比较小的时候，可以通过角色扮演游戏，让孩子体验不同角色的感受。等孩子大一些，遇到事情可以引导他们思考："如果你是他，你会有什么感受呢？"这样能帮助孩子更快地培养起同理心，让他们成长为温暖善良的"小太阳"。

夸夸工具包

可以这样夸

364. 以前看到别人难过，你总是不知所措，现在你会主动安慰，进步特别大！

365. 这次旅行中你一直照顾同行的小伙伴，做得很好！

366. 老师嗓子不舒服，你悄悄递上润喉糖，真是太贴心了！

367. 你安慰了考试没考好的同学，你的善良大家都看在眼里！

368. 听老师说，你在班上经常照顾新同学，你真的很会关心人！

369. 我相信你内心的这份善良和体贴，能让你在以后的生活里给身边的人带来很多温暖！

370. 看到同学受了委屈，你勇敢地站出来保护他，你的正义感和同理心都超强哦！

371. 你给受伤的流浪猫包扎伤口，好有爱心！

372. 看到你这么关心他人，我好欣慰，你真的是个内心充满爱的孩子！

373. 你把自己喜欢的玩具分享给小朋友，让大家都玩得很开心，厉害了！

374. 以后不管走到哪里，都带着这份同理心，你会收获很多真挚的友谊！

375. 我知道你能体会到小伙伴的难过，所以才这么努力地安慰他，你真的很善解人意！

376. 你给辛苦打扫卫生的志愿者送水，这份体贴太让人感动了！

377. 你安慰因为和朋友吵架而难过的姐姐，真懂事，姐姐很感动哦！

378. 下次再遇到需要帮助的人，希望你也能像这次一样毫不犹豫地伸出援手！

379. 孩子，同理心就是你最宝贵的财富，继续保持下去吧！

380. 你这么善解人意，大家一定都特别喜欢和你在一起！

还可以这样夸

反思式表扬，一种特殊的表扬方式，通过引导对方进行自我反思，帮助其认识到自己的优点、努力和成长，从而增强内在动力和自我认知。

381. 你今天主动帮助了别人，说明你很善良，你会保持下去吗？

382. 你有没有想过，你刚才耐心倾听也是在传递爱和理解？你做得很棒呢！

383. 你今天表现得这么善解人意，以后会做得更好，你觉得呢？

384. 你以前不太会安慰人，但今天做得很棒，进步很大，你一定也感受到了吧？

385. 我对你以后的表现充满期待！你可以想想，还能怎么帮助别人？

386. 你是个很温柔的孩子，你一定觉得自己很喜欢做这些温暖的事吧？

387. 我看到你今天主动扶起了摔倒的小弟弟，给你点赞，是不是因为自己摔倒过，所以知道要关心他人啊？

388. 我发现你最近越来越会关心别人了，是不是因为你学会站在别人的角度问题思考了？真棒！

389. 你今天帮助别人的时候，有没有觉得自己很有成就感？没错，你做得棒极了！

390. 你主动帮忙做家务，这种体贴可不是谁都有的，你说说，你怎么这么懂事呢？

391. 看到同桌考试没考好难过，你耐心鼓励，好暖心！当时怎么想到要鼓励他的呢？

392. 爸爸工作忙，你给他留了张暖心的便签，太贴心啦！你怎么想到的呢？

393. 同学忘记带文具，你毫不犹豫地分享，你在心里肯定为他考虑了很多吧？你很有同理心哦！

394. 你给孤儿院的小朋友寄了手工礼物，值得表扬，说说看，你为什么要这么做呢？

395. 弟弟说你是世界上最好的哥哥，因为你没有嘲笑他的错误，是什么让你这么懂事的呢？

396. 你注意到朋友今天心情不好，主动陪他聊天，真是善解人意，你是怎么发现的呢？

第三节 领导力萌芽：在游戏中夸出团队协作力

成长小剧场

国庆假期，小区里热闹非凡，晨宇和邻居小伙伴早早来到小广场，个个摩拳擦掌，准备在小区拔河比赛中大展身手。

晨宇站在队伍前面，既期待又紧张。然而，他很快注意到，身后的队伍一片混乱。这时，爸爸走过来说："我看你一直在东张西望，是不是觉得太乱了？你有没有办法组织一下？"

晨宇深吸一口气，鼓起勇气喊道："大家先安静！先排好队！"小伙伴们瞬间闭上了嘴。接着，他又喊道："力气大的站后面，小个子站前面。一会儿听我口号，一起用力！"大家纷纷点头。

比赛哨声吹响，晨宇喊着口号，小伙伴们齐心协力。但对方实力很强，绳子紧绷，晨宇又喊道："加油啊，坚持住！"在他的带领下，队员们咬紧牙关，猛地一拉，赢得了比赛。

大家欢呼雀跃，纷纷走到晨宇身边夸赞他，晨宇乐呵呵地说着"谢谢"。爸爸也走了过来，欣慰地说："你组织得不错，很有领导力，爸爸为你骄傲！"

爱心分析站

亲爱的家长们，孩子的成长之路漫长且充满挑战，而未来的发展很大程度上取决于从小培养的关键能力与素养。其中，领导力与合作精神尤为关键。

领导力可不是当“小头头”，而是遇到问题时，能主动想办法、做决定，还能把大家的力量整合起来。如果孩子想带头做点什么，家长们一定要多支持、多鼓励，让他们在实践中习得领导力。

合作精神也至关重要。现代社会讲究团队协作，所以在团队活动中，孩子要是能和小伙伴分工合作，学会倾听，发挥长处，尊重他人，那也是非常棒的！家长们要多创造机会，让孩子体会合作的真谛。

当然，家长们不要忘了给孩子送上及时、真诚的夸赞，当孩子主动组织团队时，可以说：“你能把大家组织起来，真有担当！”如果孩子和小伙伴合作得很好，记得夸他："你今天在团队里表现得很好！"就像故事里晨宇爸爸所做的那样。

理论小课堂

在孩子们参与各种团队活动时，"优势理论"为我们提供了一个全新的视角。优势理论强调每个人都有自己独特的优势和天赋，当人们能够在活动中发挥自身优势时，不仅能提升个人表现，还能促进团队的成功。

在拔河比赛中，晨宇展现出了领导力、组织力，以及主动性和责任心。他在发挥自身优势的同时，也帮助团队成员找到了各自的优势位置，实现了团队的协作共赢。

优势理论还指出，当个人的优势得到发挥和认可时，会极大地提升自信心和积极性。孩子们因为发挥优势、赢得胜利而收获夸赞和认可，这让他们更加坚信自己的能力，在未来的团队活动中，会更有动力去追求好成绩。

长远来看，通过团队活动，孩子们能更清晰地认识到自己的优势所在，学会将个人优势融入团队。所以，家长们要意识到团队活动的重要性，帮助孩子找到自己的优势能力！

夸夸工具包

可以这样夸

397. 你在篮球赛上带着大家找到了比赛节奏，组织能力有目共睹！

398. 你三言两语就活跃了气氛，以后活动可少不了你啊！

399. 讨论会上，大家都很赞同你的建议，给你点赞！

400. 听说这次小组讨论，你耐心倾听大家想法，做得很好！

401. 活动结束后，你认真反思，这是一种很好的态度哦！

402. 你把比赛规则讲解得清清楚楚，还不停地给大家加油，太厉害了！

403. 这次活动挑战不小，但你统筹得很好，让我特别佩服！

404. 你很善于沟通，让每个成员都发挥了优势，继续加油！

405. 带队老师一直夸你组织有方，协调能力一流，把大家凝聚得紧紧的！

406. 你和同学配合得越来越默契，节奏也越来越稳，你们的演出一定会成功！

407. 这次的手工义卖活动你组织得很好，吸引了很多人，太棒了！

408. 以前你总是退缩，现在能自信发言，协调分工，各方面能力都提升了好多！

409. 这次活动只是你能力的小展现，我看到了你更大的潜力，相信自己哦！

410. 你在分享会上引导大家深入探讨，还能总结出关键要点，太出色了！

411. 你的沟通方式启发了其他同学，现在大家都以你为榜样呢！

412. 这次活动你挑起大梁，组织流程顺畅，成员间沟通高效，完全超出我的预期，太惊喜了！

413. 和上次活动相比，你在团队合作中的领导力、沟通力提升巨大，给你点赞！

还可以这样夸

414. 这次拔河比赛你组织得真棒，下次一定能想出更厉害的战术，妈妈相信你！

415. 你展现了很棒的领导能力，将来肯定能成为更牛的“指挥官”，我们拭目以待！

416. 足球比赛里你表现得太棒了，将来肯定能带领球队赢得更多胜利，我们都看好你哦！

417. 你组织的游戏太好玩了，下次肯定能想出更有创意的玩法，妈妈都等不及了！

418. 在老鹰捉小鸡游戏里，你作为“鸡妈妈”表现得太负责了，下次肯定能保护更多“小鸡”！

419. 这次两人三足比赛里，你和同学配合得太默契了，真期待接下来的比赛！

420. 你主动照顾生病的队友，责任心超强，相信你一定能成为团队的温暖支柱！

421. 你发起的图书漂流活动很有意思，期待你能想出更丰富的活动哦！

422. 运动会上，你一直在鼓励大家，下次组织一个啦啦队吧，看好你哦！

423. 在社区组织的植树活动中，你积极协调分工，相信在以后的活动里，你也能展现这样的担当！

424. 志愿者活动里，你的主动性备受大家好评，期待你在更多活动中发光发热！

425. 你在歌咏比赛里展示了很强的组织能力，希望你能一直保持下去！

426. 你不仅提前规划好了路线，还收集了大家的意见，准备得很充分哦！希望你能带领大家玩得开心！

427. 老师说演出排练时，你提醒大家注意节奏，很有责任心，希望你能继续保持！

428. 义卖活动中，你冲在前头，大家都被你感染了，我特别想看到你在更多活动中起到带头作用！

429. 在比赛里，你带着队友发挥得很好，接下来的比赛，我们静候佳音！

第四节 感恩教育：如何夸出孩子的“看见他人”能力

成长小剧场

母亲节前夕，霖霖坐在书桌前，对着一张白纸发呆。妈妈看到她一脸纠结的样子，好奇地问：“怎么啦？遇到难题了？”霖霖抬起头，眼中满是疑惑：“妈妈，明天就是母亲节了，老师说要把对妈妈的感谢写下来，可我不知道该怎么写。”

妈妈轻轻坐在霖霖身边，说：“你可以想想妈妈平时都为你做了哪些事，你心里有什么感受。”霖霖歪着头，认真地思考起来，忽然，她眼睛一亮：“妈妈，你每天早上都会早起给我做早餐，而且做得特别好吃。还有，我生病的时候，你一直守在床边，都没好好休息。对了，妈妈，谢谢你！”

妈妈听了，眼眶微微泛红：“你能想到这些，真的太让妈妈开心了！你能看到妈妈的付出，这就是最好的感谢！”霖霖张开手臂抱了抱妈妈，然后拿起笔认真地写了起来。

爱心分析站

亲爱的家长们，培养孩子的感恩之心具有极其重要的意义。一些特殊的节日，比如故事中的母亲节，则是培养孩子感恩意识的良好契

机。在这样的日子里，孩子更容易将注意力集中在“感恩”这件事上，通过具体的行动和表达，学会珍惜身边人的爱与付出。

当然，日常生活才是感恩教育真正的广阔天地。家长们要做个有心人，引导孩子留意身边人的付出。这些付出可能是家人的精心照顾，也可能是朋友的及时相助，家长可以抓住这些日常瞬间，引导孩子学会从细微之处发现爱。

当孩子关注到这些点滴，并主动表达感谢时，家长千万不要吝啬鼓励和肯定。一个赞许的眼神、一句真诚的表扬，都能让孩子感受到支持。在一次次的积极回应中，感恩会逐渐融入孩子的思想，让他们成长为温暖善良、懂得珍惜的人。

理论小课堂

家长们，在人际关系中，懂得感恩的孩子往往散发着一种独特的“亲和力”。当孩子真诚地对他人的帮助表达谢意时，对方会感受到被尊重和认可，这无疑会拉近彼此的距离。例如，在学校，孩子感谢同学的帮助，不仅能让对方感到愉悦，还能促使他们在未来更愿意主动提供帮助，从而营造出互助友爱的良好氛围。这种积极的人际互动，能让孩子收获真挚的友谊，并深刻感受到集体的温暖。

从心理健康的角度来看，感恩是孩子内心的“情绪稳定器”。当孩子学会关注他人的付出，并对生活中的点滴美好心怀感激时，他们更容易发现生活中的“小确幸”，从而获得满足感和幸福感。在面对困难时，这种感恩心态带来的乐观精神会成为他们的强大支撑。孩子会将困难视为成长的契机，因为他们深知身边有许多人在支持自己，内心充满力量去勇敢迎接挑战。因此，重视感恩教育，能为孩子的健康成长奠定坚实的基础。

夸夸工具包

可以这样夸

430. 你能清楚记得他人的付出并真诚感谢，这真的很难得！

431. 每次有人帮你，你都能马上说谢谢，这习惯太好了！

432. 听老师说，你在学校感谢了保安叔叔，大家都夸你懂事呢！

433. 我发现你感谢的时候，语气特别真诚，这让你的感谢更能打动人心！

434. 你真温暖，把别人的好都记在心里，然后用感谢回馈！

435. 从日常小事里发现他人的用心，还懂得感恩，你真的是个细心的孩子！

436. 你总能第一时间感谢那些帮助你的人，太让人欣赏了！

437. 你能察觉到他人默默地付出，并真诚地表达感谢，你真的太懂事了！

438. 用感恩回应他人的帮助，这是非常值得称赞的行为！

439. 食堂阿姨多给你加了菜，你的道谢一定会让阿姨开心！

440. 保安叔叔每天为你开门，而你的主动问好让人觉得温暖！

441. 邻居帮你收了快递，你第二天去道了谢，这种懂得感恩的行为很棒哦！

442. 同学借给你心爱的文具，你不仅及时归还，还认真感谢，你真棒！

443. 接过外卖的时候，你说了谢谢，特别好！

444. 图书馆的姐姐帮你找到想看的书，你特别诚恳地说谢谢，下次人家肯定还乐意帮你！

445. 小区的保洁阿姨打扫楼道，你主动跟人家打招呼，真是太棒了！

446. 小伙伴给你加油助威，比赛结束你专门去感谢人家，给你点赞！

还可以这样夸

启发式表扬是一种结合启发式教学理念的表扬方式，强调通过善意、充满关切的语言或行为，为孩子提供思路，引导他们采用新的策略。

447. 爸爸帮你修好了玩具，你说了谢谢，真棒！下次可以先试试自己动手修一修哦！

448. 小伙伴分享零食给你，你立刻说了谢谢，做得好，你也可以主动分享自己的零食哦！

449. 今天下雨，同学把伞借给你，你跟人家道谢，很有礼貌，下次他忘带东西，你也会借给他，对吧？

450. 外婆给你买了新衣服，你懂得感谢，给你点赞！下次去外婆家，给她做个小礼物，她肯定乐开花！

451. 同桌借给你了橡皮，你没有忘记说谢谢，很棒！以后可以多和同桌交流学习方法，互帮互助哦！

452. 姐姐帮你找书，你很懂事地说了谢谢，下次再遇到类似情况，你觉得自己还能说些什么呢？

453. 邻居哥哥教你骑车，你的感谢把他逗乐了！要是他经常帮助你，你能想到什么别的感谢方式吗？

454. 爷爷帮你剥了花生，你马上说“谢谢”，真贴心！下次一起剥花生，他会更高兴！

455. 你今天对志愿者说“谢谢”，他们特别高兴，下次可以试着和他们聊聊天哦！

456. 看到你主动说“谢谢”了，真好！等你长大一点，就能帮妈妈洗碗了！

457. 你用拥抱表示感谢，让我特别感动，比一句“谢谢”更让我开心！

458. 我很欣慰你能主动感谢老师，或许你还可以尝试别的一些方式，比如写一封感谢信！

459. 我看到你今天给朋友送了一张卡片，特别好看，我想下次你一定能找到更特别的方式表达感谢！

460. 以前你看到快递员叔叔只是笑笑，现在能主动感谢了，那下次就可以说声“您辛苦了”，会更好哦！

461. 你今天对服务员姐姐说了“谢谢”，做得不错，下次你可以面带微笑，那样更美哦！

462. 你竟然偷偷画了一幅画送给我，真是个暖心的小家伙！你也可以用这种方式感谢别人哦！

第五节 边界意识：夸出孩子的尊重与坚持

成长小剧场

最近，学校组织了一场作文比赛，芮芮和同桌小宇都报了名。比赛前，他们常常凑在一起，叽叽喳喳地讨论写作思路，互相分享好词好句，忙得不亦乐乎。

小宇乐呵呵地把自己写的作文拿给芮芮看，想听听她的意见。芮芮看完后认真地说："小宇，你写得真好，开头特别吸引人！但我觉得结尾有点简单，要是再升华一下就好了。不过，这只是我的想法，你也可以不改。"小宇听了，觉得芮芮说得有道理，于是拉着她一起讨论起来。

过了一会儿，芮芮忽然轻声问："你开头的创意太棒了，我可以用在我的作文里吗？"小宇愣了一下，这可是他费了好大心思才想出来的，但看着芮芮期待的眼神，又不忍拒绝。经过一番思考，小宇鼓起勇气，温柔又坚定地说："芮芮，这个创意，我暂时不想分享，不过我可以帮你出出主意，找找灵感。"芮芮听了，虽然有点小失落，但也很理解，点头说："好，那我们一起想想别的创意吧！"

这天晚上，小宇回家跟妈妈聊起这件事，妈妈赞许道："你们俩都做得很好，知道尊重对方的感受，互帮互助，更重要的是，你勇敢

地守护了自己的边界，真棒！妈妈希望你们能一直做好朋友，共同进步！”

爱心分析站

亲爱的家长们，孩子们的人际交往之路，恰似一场充满未知的奇妙旅程，而边界意识，无疑是他们在这段旅程中不可或缺的“指南针”。

不妨让我们回顾一下芮芮和小宇在讨论作文时的互动：芮芮真诚地赞美了小宇的作文优点，条理清晰地表达了自己的想法，同时也充分尊重了小宇对于结尾修改的自主选择权；小宇面对芮芮想要借鉴的请求，勇敢且坚定地守护了自己的创意，同时贴心地表示愿意为朋友出谋划策。这种张弛有度、恰到好处的边界感，正是孩子们在社交场合中需要掌握的“核心技能”。

所以，在日常生活里，当孩子在言行中展现相应的言行举止时，请用夸赞点亮他们的边界意识，就像小宇妈妈所做的那样，让孩子们明白：不要随意踏入他人领地，同时也要精心守护自己的地盘。

理论小课堂

家长们，在孩子的成长过程中，社会边界理论有着极为关键的指导意义，它认为无论是个人、组织还是社会系统，都存在着各种边界，这些边界不仅是物理上的，更多是心理、情感和社会层面的。我们常说的边界意识或边界感，主要是指个人能清楚地界定自己与他人之间的界限。

社会生活如同一个大型“社交游乐场”，人人都有自己的小领地，包括孩子们。毫无疑问，边界意识是孩子构建健康人际关系的基石，也是他们思想、情感和成就的保护层。

尊重他人边界，是孩子在社交中迈出的重要一步。在游乐场里，不随意闯入他人领地的孩子通常具有同理心，懂得换位思考，所以能赢得他人的信任和喜爱；而缺乏边界感的孩子，在游乐场里可能会成为不遵守规则的“捣蛋鬼”，常常遭遇排斥和疏远。

守护好自己的边界同样重要。懂得守护自身边界的孩子，能明确表达自己的需求和底线，不轻易被他人左右。当面对不合理的要求时，他们能勇敢说“不”，从而维护自己的尊严和利益。

总之，在“社交游乐场”中，边界意识既是孩子成长的护盾，也是他们融入社会的桥梁。家长们需要积极引导孩子认识边界、尊重他人边界，更重要的是，守护好自己的边界。

夸夸工具包

可以这样夸

463. 你主动询问朋友意见后再用他橡皮，这么做很棒！

464. 能理解弟弟不想分享玩具的心情，你的同理心让妈妈特别骄傲！

465. 观察到朋友情绪变化就调整话题，这种意识很多大人都没有呢！

466. 妈妈觉得你像精准的温度计，总能感知到别人情绪的微妙变化，好厉害！

467. 你这么懂得尊重他人，以后不管和谁交往，都能相处得很好！

468. 以前你总是只想着自己，现在能考虑到别人的感受，进步很大哦！

469. 看到你尊重他人想法，考虑别人感受，妈妈心里满是骄傲！

470. 你的做法让大家都感到舒适，对营造和谐社会氛围很有帮助，太赞啦！

471. 我期待看到你在更多场合用这个方法收获友谊和尊重！

472. 这次去亲戚家，你和表弟相处更融洽，懂得尊重他的想法，成长好多！

473. 上次聚会你提前离场时说的“我需要充电啦”，这个表达既真诚又得体！

474. 看到你不盲目迎合别人，我就知道你长大了！

475. 用“我需要时间考虑”来拒绝朋友，你好智慧！

476. 上次你说“这个玩笑让我不舒服”的时候真有勇气！

477. 每次看到你礼貌拒绝，就像见证小花蕾展开保护自己的花瓣！

478. 我还担心你会委屈自己，没想到你边界感把握得这么好，太棒了！

479. 这次你处理得这么好，下次肯定也能坚守自己的立场！

480. 你能反思之前被人欺负的经历，学会守护自己，妈妈太欣慰了！

481. 守护自己的利益和尊严，这种感觉很棒吧？我也要向你学习了！

482. 你拒绝朋友不合理要求时的机智，堪比围棋高手的防守策略！

还可以这样夸

483. 你就像公园里懂事的小松鼠，知道哪些松果是别人的，不能拿，哪些是自己的，得好好守着，做得真棒！

484. 以前你可能不太懂怎么和别人相处，现在能尊重他人想法，进步太大了！

485. 听老师说你在小组讨论时，既尊重同学意见，又坚持自己合理观点，真为你骄傲！

486. 我知道尊重他人、守护自己不容易，你做得这么好，真的很厉害，我特别理解你的努力！

487. 你在画画时尊重老师建议，又坚持自己创意，生活里也这样，真了不起！

488. 你性格开朗，还能尊重他人，守护自己不被欺负，把优点发挥得淋漓尽致！

489. 你现在边界意识就这么强，以后遇到更复杂的事，我期待你有更精彩的表现！

490. 你尊重他人，守护自己，让我们相处更融洽，妈妈特别爱这样的你！

491. 你的边界意识就像坚固的城墙，既保护了自己，也尊重了他人，给你点赞！

492. 你和朋友相处时，能把握好分寸，既尊重他人又不委屈自己，继续保持！

493. 看到你勇敢守护自己利益，不被他人随意左右，还始终尊重他人，妈妈为你自豪！

494. 你既尊重他人又坚持自我，以后不管做什么都能做好，我相信你！

495. 你越来越懂得在尊重他人和保护自己之间找到平衡，进步真大！

第四章

行为正向引导

用夸奖替代说教

第一节 戒掉手机瘾：从对抗到自驱的夸赞策略

成长小剧场

周五晚上，逸飞像往常一样，吃完晚饭就迅速“占领”沙发，全神贯注地玩起手机游戏。手机屏幕发出的蓝光映在他脸上，他时而皱眉，时而兴奋地叫嚷。妈妈走过来，看着入迷的逸飞，无奈地说：“宝贝，别总玩手机，休息会儿眼睛。”逸飞只是随口应了一声，手却没有停下。

这时，爸爸走过来，并没有直接批评逸飞，而是饶有兴致地看着他玩了一会儿，说道：“儿子，我发现你玩游戏反应速度特别快，这说明你脑子转得快、手眼协调能力强！就凭你这能力，要是用在探索新知识上，肯定能发现不少有趣的东西。最近新到了不少科技杂志，里面有好多前沿科技的介绍，说不定能满足你对新鲜事物的好奇心。”逸飞听到这话，眼神里闪过一丝好奇，但还是有些犹豫。

片刻之后，爸爸看到逸飞放下手机，拿起一本科技杂志翻了起来。妈妈注意到这一幕，立刻走过去，满脸笑容地说：“我还以为你不会看科技杂志，没想到你看得那么专注，看来你对里面的知识很感兴趣！我真是太开心了！”从那之后，逸飞玩手机的时间逐渐减少，阅读科技杂志成了他新的爱好。

爱心分析站

亲爱的家长们，孩子们沉迷手机的现象愈发普遍，这背后有着深层次的原因。一方面，在快节奏的现代生活里，孩子的学业压力不小，而手机里的游戏、短视频等内容，新奇有趣，能让孩子瞬间获得快乐和满足，这种即时性的反馈对孩子而言诱惑极大。另一方面，若孩子在学习中找不到乐趣，日常又缺乏同伴的陪伴与互动，内心的孤独与压力便无处释放，手机自然而然就成了他们逃避现实、寻求慰藉的“避风港”。

长期沉迷手机给孩子带来的危害不容轻视。最直观的就是视力问题，越来越多孩子早早戴上眼镜。更严重的是，孩子的时间被手机大量占用，用于学习新知识、锻炼身体，以及与他人交往的时间大幅减少。这对孩子的身心健康和未来发展都极为不利。

在帮助孩子摆脱手机依赖的过程中，夸赞比指责更具价值。逸飞爸爸通过肯定孩子在游戏中的优点让孩子感受到被认可，后续的引导就更容易被接纳；逸飞妈妈及时夸赞孩子的举动，让孩子获得成就感，有助于保持良好行为。所以，掌握夸赞技巧，能有效助力孩子远离手机，拥抱健康成长。

理论小课堂

我们接着聊帮助孩子戒掉手机瘾的方法，行为主义的“正强化”理论不失为一个好帮手。“正强化”理论，通俗来讲，就是当孩子做出某个行为后，要是能给他们一个让他们开心、满足的反馈，那这个行为以后出现的频率就会增加。这就好比孩子做了好事，得到一颗糖作为奖励，下次他们就更愿意做好事。

回到孩子沉迷手机的问题上，强制命令孩子别玩手机，往往容易引发他们的抵触情绪。但如果运用“正强化”理论，效果就大不一样。比如，肯定孩子在游戏里展现出的能力，给他一个小小的“愉快刺激”，让他心情愉悦，他便更愿意听家长接下来的建议。接着，当他放下手机时，家长及时给予夸赞，这又是一次“愉快刺激”。通过一次次这样的正向反馈，玩手机的行为就会不断被弱化。慢慢地，一些积极行为就会变成习惯！

夸夸工具包

可以这样夸

496. 刚才妹妹找你玩，你马上放下手机陪她，这份体贴值得点赞！

497. 说好玩到 20:00，离规定时间还有 5 分钟你就开始收尾了，很有信用哦！

498. 你在写作业时把手机放在客厅，专注力提升了很多呢！

499. 看到你玩完游戏主动清理后台程序，这个细节处理得很专业哦！

500. 刚才提醒你时间时，你立刻说“马上就好”，这种配合态度妈妈特别欣慰！

501. 你居然自己设置了每日使用时长限制，自我管理能力超过很多大人呢！

502. 吃饭时全家都没碰手机，你带头遵守规则的样子真给力！

503. 你能用手机查完资料就放下，这种高效使用方式值得爸爸学习！

504. 虽然这个游戏很有趣，但到时间就退出登录，说到做到，你太强了！

505. 玩竞技游戏输了也不急躁，你的情绪管理得很好呀！

506. 你能用手机备忘录规划学习计划，科技工具用得恰到好处！

507. 你整理的防沉迷小贴士，可以分享给同学们当范本啦！

508. 你用手机练习英语听力时专注的样子，让妈妈都想跟着学呢！

509. 你发现眼睛疲劳主动做眼保健操，自我保护意识越来越强了！

510. 我看到你在用手机记账记录零花钱，这一点很棒哦！

511. 你能主动关闭不必要的消息通知，这个防干扰设置很专业啊！

512. 发现新APP第一时间和我讨论安全性，你的这份谨慎值得全家学习！

还可以这样夸

“三明治反馈法”是一种心理学上的沟通技巧，其核心在于将批评或建议的内容夹在两层表扬之间，从而让对方更容易接受并积极改进。

513. 你跑步的速度越来越快，运动天赋太棒了！但长时间玩手机，会让你懒得动，不过我知道你很喜欢运动！

514. 你这次考试进步很大，妈妈为你骄傲！但我注意到你花了不少时间在手机上，这可能会分散你的学习精力。我知道，只要你愿意，肯定能少看一点手机的！

515. 你能和同学协同合作，这很棒！不过玩手机的时间有点多，要是能多和同学一起参加活动就更好了，我相信你也这么想！

516. 你每天坚持阅读，这个习惯太棒了！但最近玩手机有点频繁，可能会干扰你的专注度。我知道你有能力调整，加油！

517. 你认真完成作业的态度值得称赞！只是近来玩手机有点上瘾，这会影响你的学习效率。当然，我相信你能克服的！

518. 你做数学题的思路很清晰，真聪明！要是玩手机让你分心就不好了，不过你肯定能调整，对吧？

519. 你早起不赖床，这个习惯真好！不过玩手机太晚的话，说不定会影响第二天的精神哦！我知道你都懂！

520. 你讲的故事很有趣，想象力真丰富！但你知道吗，玩手机可能会限制你的想象力哦，以后你会减少玩手机的时间，我说得对吗？

521. 你认真教弟弟妹妹做作业，很有耐心！但你可能不知道，玩手机太久会让你变得急躁。不过我相信你能处理好这件事！

522. 你今天陪妹妹玩的时候，把手机放一边，这体贴真的让人感动！如果以后能提前放下手机就更好了，我知道你可以的！

523. 你今天玩手机时声音调得很小，考虑到了家人休息，真懂事！要是能再控制一下时间，就更完美啦！你可以做到的！

524. 你玩手机游戏时反应好快，真厉害！要是能少玩一会儿，多锻炼下身体，就更棒啦！明天试试吧？

525. 我听说你用手机给奶奶录视频了，你真棒！如果可以放下手机，多陪陪奶奶就更完美了！你一定也这么想吧？

526. 你用手机和朋友分享学习经验，这很好，不过，要是能少看一会儿视频就更好了，我知道你可以做到的！

527. 你用手机看了很多科普视频，学到了好多知识！如果能再多实践，知识会记得更牢哦！我知道你也是这么想的，对吧？

528. 你写的作文文采斐然！不过，长时间玩手机会让你脱离生活，缺少真情实感，没事，我相信你有能力调整好！

第二节 早晨战争终结术：夸出“主动起床”的行动力

成长小剧场

周六早上，阳光透过窗帘的缝隙，洒在晨昕的脸上。往常这个时候，晨昕还在被窝里呼呼大睡，妈妈得喊上好几次，他才会磨磨蹭蹭地起床。今天却有些不一样，闹钟还没响，晨昕就迷迷糊糊地睁开了眼睛。他揉了揉眼睛，伸了个大大的懒腰，心里想着：“最近妈妈总是因为叫我起床很辛苦，今天我要自己主动起床，给她个惊喜。”

晨昕一骨碌爬起来，迅速穿好衣服，还把被子叠得整整齐齐。然后，他轻手轻脚地走出房间，来到厨房。妈妈正在厨房准备早餐，看到晨昕这么早就起来了，惊讶地问：“宝贝，你今天怎么起这么早呀？”晨昕有些不好意思地挠挠头说：“妈妈，我不想再让你每天叫我起床啦，我也想做个能自己按时起床的好孩子。”妈妈听了，开心地笑了，走过去抱住晨昕说：“我的宝贝长大了，能体谅妈妈了，太让妈妈感动了！”晨昕靠在妈妈怀里，脸上洋溢着幸福的笑容，从那以后，他主动起床的次数越来越多，渐渐改掉了赖床的毛病。

爱心分析站

亲爱的家长们，孩子早晨起床困难，原因其实有很多。有些孩子是晚上睡得太晚，导致睡眠不足，早上自然起不来；还有些孩子可能没有养成良好的生物钟，身体还没适应规律的起床时间。另外，孩子可能对起床这件事缺乏动力，觉得起床后没有什么有趣的事情等着自己。

这时候，夸赞就像一把神奇的钥匙，能帮我们打开孩子主动起床的大门。当我们夸赞孩子主动起床时，孩子会感受到自己的行为被认可，内心就会产生一种成就感。这种成就感会激励他们下次继续这样做，慢慢地，主动起床就会变成一种习惯。就像晨昕，他因为妈妈的夸赞，体会到了自己按时起床能让妈妈开心，也让自己变得更棒，所以才更愿意坚持下去。家长们，不妨多给孩子一些夸赞，帮助他们养成主动起床的好习惯哦。

理论小课堂

我们都知道，每天早上和孩子“斗智斗勇”叫他们起床，真不是件轻松的事，实际上，这和生物钟理论、习惯养成理论密切相关。

生物钟是我们身体里的一个“隐形时钟”，控制着我们什么时候困、什么时候清醒。孩子如果长期作息不规律，生物钟就会“乱套”，早上自然起不来。就好比一个时钟被调错了时间，到了该起床的时候，身体还以为是深夜呢！习惯养成理论说的是，一个行为重复 21 天以上，就会初步形成习惯；重复 90 天以上，就会形成稳定的习惯。

毫无疑问，在孩子每次主动起床时给予夸赞，是一种正向激励。孩子在得到一句“你今天起床好早，真自律！”的夸赞后，心情是无比愉悦的，而这种感觉会让他们更有动力坚持下去。只要能坚持，生物钟会在夸赞和规律行为的双重作用下，逐渐调整到正常状态，主动起床的习惯也就养成了。

夸夸工具包

可以这样夸

529. 你今天自己按时起床，没有让妈妈叫，真的很自觉！
530. 你早上不赖床，迅速起床的样子太帅了！
531. 哇，你今天起床比闹钟还准时，太厉害了，继续保持！
532. 看到你主动起床，还把床铺整理得这么整齐，真的是个小大人啦！

533. 听到闹钟没赖床，你的意志力像小超人！

534. 你能自己按时起床，说明你越来越独立了！

535. 早起的你精神饱满，学习起来肯定更高效，继续加油呀！

536. 主动起床的这个好习惯，你保持得越来越好了，妈妈要奖励你一个拥抱！

537. 你今天这么早就起床读书，爱学习的样子太可爱啦！

538. 你今天起床一点都不拖拉，动作又快又利落，太棒了！

539. 自己主动起床，还能帮妈妈准备早餐，真是个贴心小宝贝！

540. 阴雨天也能准时起床，你的坚持打败了坏天气！

541. 早上能这么自觉起床，你一定能把今天的事情都做得很棒！

542. 晨读时声音洪亮，早起让你的状态更饱满了呢！

543. 今天起床没有让爸爸妈妈操心，你真的长大了，懂事了！

544. 自己调闹钟并遵守承诺，这份责任感值得点赞！

545. 比昨天早起了 5 分钟，你的进步肉眼可见！

还可以这样夸

546. 小兔子每天早起采蘑菇，收获好多，你今天这么早起，也能找到好多好玩的东西！

547. 还记得你崇拜的宇航员吗？他们也是每天五点起床训练哦！

548. 扎克伯格说，早起是他高效工作的秘诀，你要是能做到，学习效率肯定也能提高很多！

549. 姐姐一直坚持早起背单词，成绩进步了不少，我相信你也可以哦！

550. 哥哥每天早起，大家都夸他懂事，你早点起来，肯定也会得到夸赞！

551. 邻居家的小弟弟以前也爱赖床，后来听了哥哥的话，每天都主动早起，你也能像他一样哦！

552. 早起的人能抓住一天中最宝贵的时间，你今天离自己的目标又近了一步哦！

553. 你舞蹈班的小姐妹们为了练舞每天都早起，我想你也可以，对吧？

554. 上次你教妹妹唱《早睡早起身体好》，她学得可认真了，你已经是她的榜样啦！

555. 爷爷说他年轻时也爱早起锻炼，你简直继承了我们家的“晨光基因”！

556. 你制定的“早起挑战表”，连爸爸都在偷偷努力呢！

557. 上次露营时你第一个钻出帐篷看日出，那份好奇心和大自然很配哦！

558. 科学老师说早起的人脑瓜更清醒，你看，你就是活生生的例子呀！

559. 奶奶说你是家里的小闹钟，连她都被你带动开始晨练了！

560. 你早起读书的样子，让我想起《哈利·波特》里的赫敏，她也是靠勤奋成为最优秀的学生！

561. 你知道吗？很多成功的人都从早起开始一天的计划，你今天早起的努力，让我觉得你也很有潜质呢！

第三节　告别丢三落四：用夸赞培养条理性

成长小剧场

这天晚上，谨谨坐在书桌前，眼眶微微发红，手里攥着书包带，心里满是懊恼。原来，今天的美术课，老师让拿出剪刀做手工，可她翻遍书包也没找到，老师的批评和同学们的目光让她心里特别难受。

妈妈看到谨谨垂头丧气的样子，走过去坐在她身边，轻声问："怎么了？"谨谨抬起头，眼泪在眼眶里打转，小声说："我今天忘带剪刀了，老师批评了我……我明明检查过书包的。"妈妈摸摸她的头，安慰道："你能记得检查书包已经很棒了，对于这种事情，我们一起想想办法，好不好？"说着，她拿来纸笔："不如我们列个清单，把第二天要带的东西都写下来，以后就对照着检查，应该就不会忘啦！"

从那以后，谨谨每天晚上都会按照这个方法对第二天的物品进行核对。妈妈看到她仔细准备的样子，笑着说："你现在做事越来越有条理了，效果是不是很好？你有进步了哦！"谨谨听了，心里轻松了许多。

爱心分析站

亲爱的家长们，孩子经常丢三落四是一种普遍现象，究其原因，多种多样。首先，孩子的大脑发育尚未完全成熟，注意力与记忆力相对较弱，容易被其他事物分散，从而导致遗忘。此外，他们尚未养成良好的生活习惯和条理性思维，缺乏整理和规划物品的能力。

在培养孩子的条理性和责任心方面，适当的夸赞起着至关重要的作用。当孩子努力克服丢三落四的习惯时，您的肯定和表扬能够给予他们强大的动力。孩子会因为您的认可而更加愿意坚持，逐渐意识到做事有条理、对物品负责的重要性，从而开始主动管理自己的行为，最终养成良好的习惯。

理论小课堂

在孩子成长的道路上，丢三落四的问题经常让家长感到头疼。那么，我们不妨来看看认知行为理论怎么说。这个理论揭示了认知与行为之间的紧密联系：思维模式影响行为表现，而行为的改变同样能够影响思维。

孩子之所以会丢三落四，通常是因为他们存在认知上的"空白"。通过引导孩子依照清单来检查物品，最初可能只是一种被动的行为模式，但随着持续地实践，孩子会逐渐意识到这样做是有用的。这种积极的反馈会逐步改变孩子的认知，让他们认识到有序行动的益处。

随着时间的积累，依照清单检查物品逐渐转变为一种习惯，大脑也会逐渐适应这一方法。再次面临类似情境时，他们就能够主动采取措施，摆脱丢三落四的问题。

夸夸工具包

可以这样夸

562. 今天看到你提前把作业本按顺序夹好，这份细心真让妈妈欣慰！

563. 能用不同颜色的文件夹分类资料，这个创意方法特别聪明！

564. 发现你主动把书包侧袋用来装常用物品，这个想法好有建设性！

565. 刚才收拾东西的时候，你先写了清单再行动，很棒哦！

566. 你能记得给每支彩笔盖上笔帽，给你点赞！

567. 看到你在学习计划表上新增了检查栏，这个改进特别好！

568. 今天手工课材料你准备得比老师要求的还齐全，做得很好！

569. 你主动帮弟弟收拾散落的积木，这就是有条理，继续加油！

570. 妈妈看到你给每本书都贴上分类标签，这种管理方法真专业！

571. 复习资料按单元整理得整整齐齐，这样学习效率更高了呢！

572. 能用手机定时提醒自己收拾书包，做得好，给你点赞！

573. 你认真检查了每支笔的墨囊，提前准备的习惯真棒！

574. 你用思维导图的方法规划活动，逻辑能力越来越强了！

575. 收拾行李箱时按使用频率分层放，这个方法值得爸爸学习！

576. 错题本上的颜色分类法，让复习变得清晰又有趣，我们对你刮目相看了！

577. 你给每串钥匙都配了挂钩，进步好大！

578. 你能把零花钱记账本记得这么清楚，未来肯定是理财高手！

还可以这样夸

幽默式表扬是一种通过幽默、诙谐的语言或方式表达对他人的赞赏和肯定的方法，不仅能够激发被表扬者的积极性，还能营造轻松的氛围，增强沟通效果。

579. 错题本上的荧光标记闪得这么整齐，错题们都不敢随便捣乱啦！

580. 你用乐高积木搭了个文具架，这创意能让收纳大师都鼓掌！

581. 你的周末计划表画得像藏宝图，每一步都藏着惊喜！

582. 水壶永远乖乖站在书包网兜里，它是不是和你签了合作协议呀？

583. 连橡皮擦都住在带窗户的透明格子间，你这个文具房东太贴心！

584. 刚才书包拉链打开那瞬间，我好像看见所有文具在操练——各就各位超整齐！

585. 雨伞挂在门后的样子，简直像站岗的卫兵在喊“时刻准备着”！

586. 作业本角标贴得比尺子还直，强迫症小怪兽都被你治愈了！

587. 你把钥匙串挂在恐龙挂钩上，现在每次开门都像在驯龙，哈哈！

588. 你的书包现在整齐得像刚军训完，连拉链都站得笔直！

589. 你的床铺整理得这么平整，连豌豆公主都挑不出毛病！

590. 我发现你把零食按口味分类，这是要开宇宙零食博物馆吗，真棒！

591. 现在你的书架整齐无比，连书虫都要买门票才能进来啃书！

592. 你现在检查东西的速度和准确度，都快赶上专业的“物品检查员”了，太了不起啦！

593. 你是不是得到了“整理大师”的真传，现在整理和检查物品都这么厉害，快传授点秘诀给我！

594. 你现在检查东西比超级扫描仪还厉害，什么都逃不过你的“火眼金睛”，太牛啦！

第四节 责任担当：犯错后如何夸出解决问题力

成长小剧场

周六下午，承承在家中兴奋地踢着足球，不料一个不小心，足球撞倒了爸爸最心爱的花瓶。花瓶瞬间碎裂，散落一地。承承顿时呆住了，眼睛瞪得大大的，小手紧紧攥着衣角，满脸惊恐地望着闻声赶来的妈妈。

妈妈看到满地碎片，先是一怔，接着蹲下身，温柔地握住承承的手，轻声说："承承，别怕，告诉妈妈发生了什么？"承承抽泣着道出事情经过。妈妈擦去他的眼泪，说："承承，你主动承认错误，真勇敢！我们一起想想怎么弥补，好吗？"承承眼中闪过光亮，点头答应。

承承想起老师讲的废物利用，提议把花瓶碎片做成小摆件。妈妈惊喜夸赞："这主意太棒了，你真会动脑筋！"随后，两人一起动手，将碎片变成了独一无二的小摆件。爸爸回家看到后，竖起大拇指："承承，你有担当又有创意，爸爸给你点赞！"

一周后的家庭聚餐，爸爸又提起这事："承承，上次花瓶的事，你主动认错还自己解决，负责任又会动脑筋，真是厉害！"承承听后，心里乐开了花。

爱心分析站

亲爱的家长们，当孩子像承承一样闯祸时，内心往往充满了恐惧与自责。在他们单纯的世界里，最害怕的莫过于犯错后遭受惩罚，以及失去你们的爱与信任。

如果家长急于指责，孩子很可能会陷入自我怀疑，甚至不敢正视错误，转而选择逃避或撒谎来应对。这种反应不仅会阻碍孩子对错误的正确认知，还可能对他们的性格发展产生负面影响。

承承的妈妈以温和的态度引导孩子说出事情的经过，并肯定了孩子主动承认错误的行为，这对孩子而言是极大的鼓励。通过夸赞孩子积极思考解决办法，可以让孩子意识到自身的能力，并懂得在犯错后积极面对和解决问题是十分正确的做法。

理论小课堂

亲爱的家长们，若想更有效地引导孩子在犯错后获得成长，深入了解道德发展理论显得尤为重要。这个理论认为孩子的道德发展是一个循序渐进、逐步分阶段的过程。

最初是前习俗水平，孩子行为主要受外在结果影响，如害怕惩罚或渴望奖励。他们遵守规则可能只是单纯地害怕被批评或想得到夸奖。随着年龄增长和认知水平的发展，孩子进入习俗水平后，开始注重他人认可和社会规范，努力做大家眼中的好孩子。最后，少数人会发展到后习俗水平，依据内心道德原则判断对错，即便与社会规则冲突也坚守信念。

以承承打碎花瓶为例，如果采取简单惩罚，他可能只是因怕罚而暂时乖巧，并未真正理解行为对错。可以看到，妈妈没有纠缠于“花瓶碎了”，而是追问“接下来怎么办”，这恰好契合了“道德认知发展理论”：通过具体事件，让孩子理解规则的意义，并练习用社会认可的方式解决问题，从而形成正确的道德判断标准。

夸夸工具包

可以这样夸

595. 你能第一时间承认错误，这种诚实比金子还珍贵！

596. 主动提出用零花钱赔偿，说明你很有担当！

597. 画“家务券”弥补过失，你的创意让问题变成了暖心的行动。

598. 面对错误不逃避，这份勇气值得点赞！

599. 你不仅道歉，还制定了解决方案，真是个小小策略家！

600. 愿意承担后果，你的责任感让爸爸妈妈特别骄傲！

601. 看到你努力打扫的样子，就知道你在用心弥补错误！

602. 这次你没有逃避，而是勇敢面对错误，这比上次进步了很多！

603. 你的补救计划既具体又可行，执行力超强！

604. 犯错后还能冷静思考对策，这种心态太棒了！

605. 你用行动证明，错误也可以变成成长的机会！

606. 你主动承担责任的样子，像极了小超人！

607. 你的诚实和努力，让全家都更信任你！

608. 你能反思自己的行为并提出改进方法，这就是成长的表现，给你点赞！

609. 即使害怕也选择说实话，你战胜了内心的胆怯！

610. 你让妈妈看到，错误背后藏着一颗金子般的心！

611. 解决问题的过程比结果更重要，你做到了！

612. 今天的你，比昨天更懂得解决问题的重要性了！

还可以这样夸

延迟夸赞是指在事件发生或行为完成一段时间后给予表扬或肯定。这种方式更注重在合适的时机、合适的场合，对行为或成果进行回顾和肯定，从而增强其影响力。

613. 昨天你安慰了难过的朋友，真是贴心的小天使！

614. 我刚才在想，上次你考试粗心丢了分，但你认真分析了错误，做得真棒！

615. 前两天你手工做坏了，知道换个思路重新做，小脑袋很灵活哦！

616. 那天你弄坏了玩具，虽然很沮丧，却主动尝试了修理，值得表扬哦！

617. 记得那次你比赛摔倒了，立刻爬起来继续跑，这种精神让妈妈很佩服！

618. 前几天你和小朋友闹矛盾，你主动道了歉，很不错哦！

619. 那天你找不到东西，虽然不开心，却动手整理了房间，这让爸爸很欣慰！

620. 你上周帮我做家务的时候打碎了盘子，马上承认错误，还主动清扫了，很有担当呢！

621. 刚才玩游戏输了，你没有生气，反而总结了经验，妈妈给你点赞！

622. 昨天上学迟到了，今天知道提前出门，不错哦！

623. 下午和小伙伴发生分歧的时候，你选择倾听和商量，进步很大！

624. 你上次画画时不小心画错了，但很快又把错误变成了有趣的细节，这种创造力真让人惊喜！

625. 还记得那天在图书馆，你不小心把书页撕破了，然后去道歉，还帮忙修复，这就是责任感哦！

626. 你第一次做饭的时候把菜烧焦了，可你没有放弃，还向我请教，妈妈一想起来就开心！

627. 那天在户外野餐，你把垃圾带走了，这种环保意识让爸爸妈妈很骄傲！

628. 你周日的演出，虽然跳错了动作，却没有慌乱，继续完成了演出，很值得表扬！

629. 我这几天一直觉得，你犯错后顶着压力积极解决问题，实在了不起！

第五节 时间管理：夸出孩子的规划力

成长小剧场

“叮铃铃！”周五的放学铃声响起，锦程满心欢喜地冲出教室。今天老师宣布学校下周要举办科技小制作比赛，她早就想大显身手了。可回到家，她却犯了愁：桌子上堆满了作业，周末还要练习钢琴、上舞蹈课……该怎么办呢？

锦程愁眉苦脸地站在桌前，妈妈看出了她的心思，走过来轻声说：“积极参加学校活动是件好事，但遇到问题也别着急，想想办法，不如把要做的事都写下来，再看看怎么安排时间吧！”锦程觉得有道理，赶紧拿出纸和笔，把周末要做的事情都列了出来，又做了调整。

安排好后，锦程立刻开始了行动，专注地做起了作业。没过多久，锦程完成了大部分作业，妈妈检查时惊喜地发现，她的效率大大提高，作业质量也不错。妈妈开心地对锦程说：“你今天自己安排了时间，作业完成得又快又好，这规划能力太厉害啦！照这样下去，不管做什么事你都能轻松应对！”锦程听了，对完成接下来的任务更有信心了。

要做的事情好多，该怎么办呢？
积极参加学校活动是件好事，但遇到问题也别着急，想想办法，不如把要做的事都写下来，再看看怎么安排时间吧！

你今天自己安排了时间，作业完成得又快又好，这规划能力太厉害啦！照这样下去，不管做什么事你都能轻松应对！

爱心分析站

亲爱的家长们，从锦程的经历中，我们可以看到时间管理不仅仅是简单地列出任务，而是帮助孩子提升自律性和学习效率的关键工具。

这种规划能让孩子们逐渐学会自我约束，专注于当前的任务，以及帮助他们明确任务的轻重缓急，避免拖延，将精力集中在最重要的事情上。例如故事中的锦程，她做好安排后就能按照计划一步步完成，这正是自律养成的体现。

毫无疑问，当孩子在这方面取得进步时，家长们的肯定和鼓励会让他们感受到成就感，从而更加积极地坚持下去。因此，我们不但要重视培养孩子的时间管理能力，还要通过引导和赞扬，帮助他们建立这个好习惯。

理论小课堂

家长们，这里要分享一个至关重要的理论——时间管理四象限法则。想象时间是一个魔法盒子，被分成四个格子。

第一个格子装的是既重要又紧急的事，比如即将到期的作业或考试复习。它们像闪闪发光的紧急魔法球，必须立刻处理，否则魔法会失效。

第二个格子装的是重要但不紧急的事，比如日常学习和兴趣培养。它们如同成长宝石，虽不立刻发光，但对孩子长远发展至关重要，需有计划地投入时间。

第三个格子装的是紧急但不重要的事，比如临时聚会或电话。它们像小干扰精灵，适当应对即可，别让它们打乱节奏。

最后一个格子是既不紧急也不重要的事，比如长时间玩游戏或刷短视频。它们像小捣蛋鬼，要尽量远离，避免被它们偷走宝贵时间。

让孩子理解这个法则，就等于给了他们一把时间宝藏的钥匙。有了优先级意识，孩子能轻松决定先做什么、后做什么，合理分配时间和精力。这不仅助力学业进步，也能让他们在未来像掌握魔法一样，从容应对挑战，迈向成功。

夸夸工具包

可以这样夸

630. 你今天按时完成了所有任务，计划执行得特别棒！

631. 我发现你最近越来越会安排时间了，真为你感到骄傲！

632. 这次准备科技小制作，你提前规划好了每日进度，真是厉害了！

633. 你能按照难易程度安排时间，效率一下子就提高了！

634. 你制定的复习规划表详细又合理，成绩进步肯定没问题！

635. 为了参加演讲比赛，你自己规划了课余时间，妈妈给你点赞！

636. 每天都能把学习和运动的时间安排得恰到好处，你太会生活啦！

637. 照你现在对时间的把控，未来不管是学习还是工作，你都能轻松应对各种挑战了！

638. 你不仅完成了作业，还留出了时间看书，真是时间管理的小能手！

639. 旅行时间规划得有条不紊，你是怎么做到的，太棒了！

640. 你提前规划好了实验的每个步骤，实验结果又准确又完美！

641. 预习课文时，你把通读、思考和标记的时间安排得很合理，学习越来越轻松啦！

642. 这次的小组项目，你合理分配了每个组员的任务和时间，做得太棒啦！

643. 你不仅能管好自己的时间，还能帮助弟弟妹妹安排任务，真是个负责任的小榜样！

644. 你现在安排时间越来越熟练，以后不管遇到多少任务，相信你都能轻松搞定！

645. 我知道平衡这些事情不容易，你却能安排好，妈妈真的很佩服你！

还可以这样夸

重复夸奖是指在不同时间、不同场合，多次对同一行为或成果进行表扬和肯定的一种激励方式。通过反复强调，增强被夸奖者的成就感和自信心。

646. 这段时间你一直坚持按照规划学习，成绩稳步提升，你也很开心，对吧？

647. 你每次准备比赛都能规划好时间，表现一次比一次出色，加油哦！

648. 我们今天又聊起来，最近你在安排学习和娱乐时间上越来越合理，继续保持哦！

649. 这几天你完成作业的效率特别高，看来你合理规划了时间！

650. 我们很高兴看到你这几天在认真做复习计划！

651. 你规划时间的能力最近大有进步，这次活动由你规划，我们都特别放心！

652. 你把练习乐器的时间规划得很合理，进步特别明显！

653. 你最近作业完成得又快又好，看来你找到了诀窍呀！

654. 你这次时间管理的成果太显著了，学习效率提高了好多，玩的时间也多了！

655. 最近你在时间安排上越来越用心，进步肉眼可见哦！

656. 你看，这段时间你合理安排时间，不仅完成了任务，还让自己开开心心！

657. 你最近效率越来越高，真是越来越会安排时间了！

658. 你这学期的时间安排简直完美，比上学期进步了一大截！

659. 不得不说，最近你参加社团活动没有耽误学习，把时间协调得很好！

660. 这个月你把学习任务安排得井井有条，真让人惊喜！

661. 我今天还跟爸爸讲，上周的家庭旅行你规划得太棒了，以后都靠你啦！

第五章

特殊情境应对

夸奖的智慧与边界

第一节 二孩家庭：平衡夸奖的公平感与独特性

成长小剧场

暑假的一天下午，阳光正好。逸晨坐在书桌前，紧紧盯着面前的画纸，手中的画笔在纸上不停地勾勒着，地上满是揉皱的画纸，看来这幅风景画让他有些头疼。与此同时，弟弟逸阳正蹲在玩具箱旁，认真地把小汽车、积木分类整理，摆放得整整齐齐。

妈妈下班回家，一眼就瞧见了忙碌的逸阳。她快步走过去，轻轻蹲下，开心地说："阳阳，你把玩具整理得这么整齐，主动帮家里分担家务，真乖！"逸阳听了，露出两颗可爱的小门牙。

很快，妈妈注意到一旁的逸晨原本专注的脸上多了几分落寞，画笔也停在半空。妈妈立刻走到逸晨身边，轻轻俯下身，看着满桌的画稿，鼓励道："逸晨，妈妈看到你为了这幅画做了各种尝试，这张真的很有创意哦！"逸晨眼睛一下子亮了起来，自信地说："谢谢妈妈，我会画好的！"

饭桌上，爸爸笑着说："今天听妈妈说，逸阳整理了玩具，逸晨画了一幅很棒的画，你俩都好棒！"兄弟俩听了，相视一笑。

爱心分析站

亲爱的家长们，在二孩家庭中，孩子们对夸赞有着特别的心理需求。每个孩子都渴望得到父母的关注和认可，他们会不自觉地在心里比较谁得到的表扬更多。如果夸奖不够公平，可能会让孩子觉得自己被忽视，从而产生失落感。

同时，我们还要注意到，每个孩子都是独一无二的个体，有着不同的性格、兴趣和特长。所以，夸赞不仅要公平，还要有针对性，这样才能真正走进孩子的心里。表扬逸晨的努力创作，表扬逸阳的贴心懂事，就是分别抓住了他们的特点。只有平衡好“公平感”与“独特性”，孩子们才能在充满爱的夸赞中健康成长，和谐友爱。

理论小课堂

家长们，这个故事里隐藏着一个有趣的心理学现象——社会比较理论。孩子们就像生活在一个小小的“比较王国”里，会不自觉地和兄弟姐妹、同学朋友互相比较。比如，大宝看到小宝受到表扬，就会想：“我做类似的事情时，妈妈有没有同样表扬我呢？”这就是孩子的比较心理。

从社会比较理论的角度看，孩子通过和他人比较来评估自己的能力和价值。在二孩家庭里，如果家长夸赞失衡，就容易让孩子陷入不健康的比较中。被忽视的孩子可能会产生自卑心理，觉得自己不够好；而被过度夸赞的孩子又可能变得骄傲自满。所以，家长们要做的就是巧妙引导，给予个性化的夸赞，让孩子们在“比较王国”里看到别人的长处，互相学习、共同进步。

夸夸工具包

可以这样夸

662. 今天大宝主动帮邻居搬了东西，小宝认真完成了作业，你们都很棒！

663. 哥哥早起帮忙准备早餐，真贴心；弟弟把玩具分类整理好，做事好有条理！

664. 姐姐耐心教小朋友画画，妹妹把文具整理得井井有条，你们俩都太优秀啦！

665. 今天哥哥积极参加了社区活动，妹妹主动捡起小区里的垃圾，给你们点赞哦！

666. 你们俩一个帮妈妈拖地，一个帮妈妈收衣服，都表现得很棒！

667. 听老师说，在学校里，姐姐大方地跟同学分享课外书，妹妹主动帮老师擦黑板，都值得表扬！

668. 你们都好厉害，姐姐在学校运动会上跑到第一，弟弟把玩具摆得整整齐齐！

669. 哥哥帮奶奶按摩的手法真专业，弟弟练琴的态度也很好哦！

670. 姐姐写的读书笔记越来越好了，对了，妹妹帮妈妈洗菜细心又认真，你们真可爱！

671. 大宝的点子真多，总给我们出谋划策；小宝把零花钱拿出来捐赠，也很了不起哦！

672. 我今天看到哥哥帮老人过马路，而弟弟乖乖在路边等候，表现得都很棒！

673. 姐姐做家务越来越厉害了，妹妹也越来越有礼貌了，给你们点赞！

674. 妈妈要恭喜大宝在数学竞赛中取得了好成绩，也要夸夸老师的小助手小宝同学！

675. 爷爷今天夸哥哥动手能力强，还说弟弟读书非常认真！

676. 你们的合作太棒了，姐姐唱歌很动听，妹妹舞蹈动作很优美！

677. 大宝知道合理规划时间了，小宝也知道帮妈妈浇花了，妈妈真的很欣慰！

678. 今天哥哥的作业完成得又快又好，弟弟更是没有打搅哥哥学习，都进步了哦！

还可以这样夸

个性适配表扬是指根据个体的性格特点、兴趣爱好等量身定制的表扬方式，侧重强调性格优势，更好地满足被表扬者的心理需求。

679. 哥哥思维活跃，善于发现，弟弟踏实认真，执行到位，你们都很棒！

680. 姐姐一直很勇敢，妹妹也懂得从失败中吸取教训，以后还有什么难题能难倒你们呢？

681. 哥哥有领导力，弟弟有亲和力，真期待你们的合作呢！

682. 姐姐画画细心专注，妹妹画画天马行空，都是厉害的小家伙啊！

683. 我们发现姐姐很有音乐天赋，弟弟运动细胞发达，看来你们都很有潜力哦！

684. 在我们家啊，哥哥是个温暖的小太阳，妹妹是个快乐的小天使，有你们俩在，每天都是晴天啊！

685. 大宝参加活动活力满满，小宝写的作文感悟深刻，你们都有厉害的一面哦！

686. 要是人人都像哥哥一样有强烈的好奇心，像弟弟一样有责任心，那该多好啊！

687. 姐姐热情开朗，妹妹温柔细腻，大家都说你们是绝好的搭档呢！

688. 你们一个不服输，一个不放弃，拼搏精神都是满分哦！

689. 我发现哥哥擅长组织，弟弟擅长协调，各有所长，要继续加油哦！

690. 在团队里，大宝是可靠的领导者，小宝是得力的协助者，你们的付出大家都看在眼里，干得漂亮！

691. 姐姐想象力丰富，妹妹记忆力超群，爸爸妈妈真的很佩服呢！

692. 大宝像勇敢的小狮子，勇往直前，小宝像机灵的小猴子，总能想出办法，都超厉害！

693. 哥哥做事果断，妹妹心思缜密，爸妈相信不管遇到什么事，你们都能处理好！

694. 大宝从内向变得勇敢，小宝从粗心变得细致，你们的成长进步爸妈都看在眼里！

第二节 公共场合：如何得体夸赞，避免尴尬

成长小剧场

周六的科技馆里人头攒动，浩浩和爸爸穿梭在各个展厅。在机器人展示区，一群孩子正围观机器人表演。

表演结束后，工作人员提出了一个关于机器人原理的问题。浩浩犹豫了一下，勇敢地说出了答案。爸爸笑了笑，等人群散去后，拍着浩浩的肩膀，轻声说："知识掌握得很扎实啊！而且在这么多人面前还能勇敢说出自己的想法，真的很棒！"

这时，旁边的一个小朋友略带不服气地说："这有什么难的，我也知道。"浩浩听了，有些尴尬。爸爸察觉到了气氛的微妙，笑着对两个孩子说："你们都很厉害呀，都是爱思考的孩子！我相信你们以后肯定能发现更多有趣的事儿！"

浩浩听了，自信地笑了起来，还主动和那个小朋友讨论起机器人的其他知识。周围的家长看到这一幕，纷纷点头微笑，科技馆里的小插曲也因为爸爸得体的夸赞变得和谐又温暖。

爱心分析站

亲爱的家长们，我们首先需要明白的是，在公共场合，孩子的自尊心往往都比较强，而一旦陷入尴尬的境地，可能会产生诸多负面

效应。

尴尬情绪会使孩子的自信心受挫，就像浩浩被小朋友质疑后，内心难免会产生自我怀疑，对自己原本正确的行为和表现也开始不确定。长期处于尴尬情绪的笼罩下，孩子的心理负担会加重，影响他们积极乐观性格的养成，不利于孩子的身心健康发展。

所以，家长们要注意夸奖时机与分寸：在公共场所，不要过度张扬地夸赞，以免让孩子不自在，或者引起他人的反感。同时，内容要真诚且有针对性，因为孩子能敏锐地察觉到大人的敷衍，泛泛而谈的夸奖无法让他们真正认识到自己的优点。

理论小课堂

家长们，你们了解积极情绪理论吗？积极情绪理论由心理学家芭芭拉·弗雷德里克森提出，它认为积极情绪能拓宽个体的思维–行动，帮助个体构建持久的心理、智力和社会资源。

当孩子在公共场合做出积极行为时，比如主动排队，不插队、不吵闹，我们要及时给予真诚且具体的夸赞：“你今天主动排队，遵守秩序，做得太棒了！”这种积极的反馈能让孩子体验到愉悦、自豪等积极情绪，会让孩子更愿意探索新事物，在社交中更主动、自信。

相反，如果孩子在公共场合因为各种原因产生了消极情绪，那么他们就难以获得正确的行为认知，长此以往，也就难以养成良好的公共行为习惯。因此，掌握并应用积极情绪理论，通过适当的表扬和指导，能够为孩子在公共场合的行为表现构建一个积极的氛围。

夸夸工具包

可以这样夸

695. 看到你排队时那么安静，就知道你懂得秩序的重要性！

696. 你主动捡起垃圾，这个小小的举动让环境更美了！

697. 你给老奶奶让座，你真善良，给你点赞！

698. 图书馆里你轻声细语，这种尊重他人的行为真的很棒！

699. 我看到你为后面的人扶住门，这个细节让我很感动！

700. 你耐心等待，没有插队，做得很好哦！

701. 你扶起摔倒的小朋友，那一刻你就是大家的榜样！

702. 你没有在墙上乱画，懂得爱护公共财物，这种责任感会让你在任何地方都受人欢迎的！

703. 你把垃圾分好类扔进垃圾桶，环保意识值得表扬！

704. 你洗手时关紧水龙头，懂得节约资源，好棒，一定要坚持哦！

705. 你在商场里没有乱跑，真是个懂得安全第一的好孩子！

706. 你今天在公园里没有乱跑，还提醒小朋友不要踩草坪，给你点赞！

707. 你今天在游乐场排队时没有插队，长大了哦！

708. 你刚才做得很好，在电梯里主动按住门，等大家进去，不错哦！

709. 你今天好厉害，在餐厅里没有浪费食物，把饭菜都吃得很干净！

710. 你给外地游客介绍景点的时候，讲解得又详细又有趣，你就是咱们城市的小名片！

711. 你一直把垃圾拿在手里，直到找到垃圾桶才扔掉，爱护环境的意识真强！

还可以这样夸

社会角色赋予式表扬是指通过赋予个体特定的社会角色，并对其在该角色中的表现进行肯定和表扬，从而激励个体更好地履行角色义务、提升自我价值感的一种激励方式。

712. 刚才在电影院里，你主动捡垃圾，是个不错的小小清洁员哦！

713. 你以前坐公交爱闹，现在主动给老人让座，就像传递温暖的爱心小天使！

714. 你在景区里捡起了垃圾，简直是守护美景的小小环保志愿者！

715. 邻居奶奶夸你帮忙捡菜又送她回家，说你是爱心小使者呢！

716. 你在游乐场里主动让小弟弟先玩，文明小标兵做得真棒！

717. 刚才你不但安静用餐还收拾了碗筷，现在是文明小食客啦！

718. 你提醒小伙伴遵守交规，你这个交通小卫士很称职！

719. 你在博物馆里提醒他人小心展品，堪称文物守护者呢！

720. 你在飞机上提醒他人安静，就像个小小监督员，干得好！

721. 游乐场你组织游戏还守规则，你是游乐场的欢乐小队长。

722. 你刚才帮老奶奶拿重物，真是个乐于助人的小雷锋！

723. 在动物园，你不投喂动物还提醒他人，可以申请做小小宣传员啦！

724. 医院候诊区，你像个小医生一样轻声提醒小朋友别乱跑吵闹，做得真棒！

725. 你看到健身器材零件松动，马上告知物业，你就是小区的安全小卫士！

726. 现在图书管理员阿姨的登记本上，肯定又多了条“最温柔读者”的记录！

727. 商场里迷路的小朋友在哭，你耐心陪伴，帮他找到妈妈，真是“最靠谱小向导”一枚！

第三节 过度依赖与执念：用夸奖替代否定

成长小剧场

宁静的夜晚，书房里灯光柔和。明明对着英语阅读理解犯愁，急躁地冲客厅喊："妈，这阅读生词太多，我看不懂，快来帮我！"

妈妈走进书房，看着着急的明明说："上次英语课你勇敢地站起来读课文，发音标准又好听，老师还夸你了，说明你英语不错。现在遇到了几个生词，不正是提升能力的好机会吗？对吧！"

明明却嘟囔说："生词太多，我怕做错！"妈妈摸摸他的头："做错没事，先猜意思，再查字典，我相信你能做出来！"

在妈妈鼓励下，明明开始尝试做题。不一会儿，他兴奋地抬起头："妈，我做完了！有点不确定，但我尽力了。"妈妈拿起作业看了看，说："你做得很好啊！我还以为你会放弃这篇阅读呢，没想到你坚持做完了，而且思路也很清晰，厉害啊！以后遇难题可以先自己尝试，你会越来越棒的！"

明明开始意识到，面对困难时，自己是有能力去应对和解决的。从此之后，每当遇到难题或挑战，他的脑海中总会响起妈妈那天晚上说的话。

爱心分析站

亲爱的家长们，孩子在学习过程中表现出过度依赖和畏惧挑战的情况，是日常生活中常见的现象。过度依赖通常是由于孩子在过往经历中养成了遇到困难就寻求外界帮助的习惯。这种轻易获得解决方案的方式使他们逐渐丧失了自主探索的动力；而畏惧挑战则往往源于孩子对失败的恐惧，他们害怕即使付出努力，也无法获得理想的结果，进而可能遭受批评或否定，最终对自己的能力产生怀疑。

在引导孩子摒弃这些坏习惯的过程中，表扬发挥着至关重要的作用。若我们用表扬取代批评，孩子们会真实地体会到被肯定和信赖，这将显著提升他们的自信。无论何时，我们都需要用适时的表扬来激发他们继续努力的意愿，驱散他们心中的畏惧和自我怀疑，使他们逐步减少依赖，勇敢地迎接挑战。

理论小课堂

对于孩子们常常表现出的过度依赖与畏惧挑战问题，我们可以用习得性无助理论来窥探深层次的原因。

习得性无助是指个体在经历多次挫折后，感到无法掌控结果，从而产生无力感和绝望心理。孩子在学习中可能因几次失败而害怕挑战，对失败的负面评价心生畏惧，进而习惯性地依赖外界帮助。长此以往，他们可能丧失自主解决问题的能力，一旦失去支持，就会陷入无助。

作为家长，要积极鼓励孩子独立解决问题，哪怕结果不完美，也要给予肯定和表扬，让孩子感受到自己的努力和能力被认可。通过持续的正向反馈，孩子能逐渐摆脱习得性无助，勇敢迈出面对困难的第一步。

夸夸工具包

可以这样夸

728. 我发现你最近在努力克服困难，这种坚持真的很棒！

729. 你不仅完成了任务，还做得这么用心，我为你感到骄傲！

730. 你这次做得比上次好多了，我看到了你的努力和进步！

731. 我很感动你愿意尝试新方法，这种勇气值得表扬！

732. 你今天主动尝试独立完成数学作业，遇到难题还思考了好久，真的很棒！

733. 我相信你有足够的能力解决这个问题，大胆去尝试吧！

734. 老师跟我说，你今天在课堂上的表现特别积极，回答问题很准确，大家都给你鼓掌了呢！

735. 上次你写作文花了很长时间，这次不仅速度快，而且还很优美，进步太明显了！

736. 我知道这道题很难，但只要你努力尝试，你就是最棒的！

737. 这次考试的难度增加了，你还能取得这样的成绩，看来没什么题能难倒你了！

738. 在今天的户外拓展活动中，面对那么多困难，你都没有退缩，真勇敢！

739. 你这次没被困难打败，非常棒，我知道你还有更大的潜力！

740. 我看到你刚才遇到困难没有放弃，比想象中勇敢千百倍！

741. 你真厉害，这个解题思路很独特，以后遇到问题就应该像这样多思考哦！

742. 你这次尝试的方法很有创意，虽然结果不完美，但我看到了你的进步！

743. 我知道你很害怕，但你还是做到了呀，给你点赞！

744. 我很欣赏你面对困难时的冷静，这是很难得的品质！

还可以这样夸

逆向表扬是一种通过反向激励或逆向心理策略来激发个体积极性的表扬方式。它可以激发孩子的自尊心和荣誉感，从而促使其以更积极的行为来证明自己。

745. 我还以为你会因为对手很强就放弃参赛，没想到你报了名，真令我刮目相看！

746. 原本觉得你会因为作业多就敷衍了事，结果你完成得这么好，太出乎我意料了！

747. 我想着这么复杂的拼图你大概会让我帮忙，没想到你安安静静地拼了好久，太厉害了！

748. 本以为你会因为上次考试没考好就灰心丧气，没想到你这次更加勤奋，进步这么大！

749. 我以为你会因为被班主任批评就讨厌他，结果你课后主动找他请教问题，心态很不错哦！

750. 原以为你会因为颜料弄洒了就不画了，没想到你清理干净后还接着画，太棒了！

751. 我还担心你会因为小伙伴的拒绝就不开心很久，结果你主动去沟通，果然，你沟通能力很强！

752. 这么长的英语课文你都背下来了，还背得很熟练，太让我惊喜了！

753. 本以为你会因为舞蹈动作太难就打退堂鼓，结果你每天都练习，太让人意外了！

754. 我以为你参加长跑比赛就是说说而已，没想到你坚持跑完了全程，太有毅力了！

755. 我原本以为你会被这个难题吓倒，但你居然找到了解决办法！

756. 你居然没有因为失败而放弃，反而越挫越勇，这让我很佩服！

757. 本以为你会因为游戏输了就发脾气，没想到你能坦然接受，心态真好！

758. 我以为你会因为爬山太累就吵着要回家，没想到你一路坚持，太有团队精神了！

759. 我发现你这次居然没有依赖我，而是自己独立完成了，这让我很惊喜！

760. 刚才你遇到困难时，我差点以为你会放弃，但你居然坚持下来了，这让我很意外！

第四节 当孩子“不需要夸”：青春期隐性激励法

成长小剧场

最近，晓妍进入青春期后，变得敏感了许多，以往总是和妈妈亲密无间，现在却常常把自己关在房间里。妈妈察觉到了晓妍的变化，心里很担心，但又不知道该如何和她沟通。

一次偶然的机会，妈妈想到晓妍爱写日记，于是灵机一动，决定给晓妍写一封信。妈妈在信中写道：“晓妍，妈妈发现最近你在绘画上很有进步，色彩搭配得越来越和谐，线条也更流畅了。你总是能发现生活中独特的美，并通过画笔展现出来，这真的很了不起！妈妈知道你在努力成长，也看到了你为自己的梦想付出的努力。不管遇到什么困难，都要相信自己，你永远是妈妈的骄傲。”写完后，妈妈悄悄把信塞进了晓妍的房间。

第二天早上，晓妍看到了这封信，脸上渐渐露出了笑容。从那以后，晓妍和妈妈的关系慢慢缓和，她也更有动力去追求自己的绘画爱好了。有一天，晓妍主动拿着自己新画的作品给妈妈看，开心地说：“妈妈，我最近又画了一幅画，你看看怎么样？”妈妈欣慰地笑了，她知道，那封信起到了作用。

晓妍，妈妈发现最近你在绘画上很有进步，色彩搭配得越来越和谐，线条也更流畅了。你总是能发现生活中独特的美，并通过画笔展现出来，这真的很了不起！妈妈知道你在努力成长，也看到了你为自己的梦想付出的努力。不管遇到什么困难，都要相信自己，你永远是妈妈的骄傲。

妈妈，我最近又画了一幅画，你看看怎么样？

爱心分析站

亲爱的家长们，青春期的孩子如同正在破茧的蝴蝶，内心世界经历着巨大的变化。这个时期，他们渴望独立，迫切想证明自己已长大，不再是时刻需要照顾的小孩；同时又十分敏感，在自我认同上充满迷茫与困惑，急切想知道自己在他人眼中的模样。

隐性激励对于青春期的孩子而言，恰似一场及时雨。直接夸奖可能让他们不自在，甚至产生抵触情绪，觉得家长在敷衍或不理解自己。而隐性激励，比如写一封信、留一张赞美卡片，能让孩子在相对私密的空间感受到家长的认可与鼓励。这种方式既呵护了他们渴望独立的心理，又满足了对自我认同的需求，让他们在感受爱的同时，更自信地探索未来，是极为有效的沟通和激励方式。

理论小课堂

在孩子的成长之路上，青春期是独特且关键的阶段。依据青春期心理发展理论，此时孩子正处于自我认同的探索阶段，如同在黑暗中摸索，努力找寻属于自己的“光”。

他们不再满足于儿童时期对家长和老师的单纯依赖，开始思考“我是谁”“我有什么价值”等深刻问题，对独立的渴望愈发强烈，期望能自主做决定、掌控生活。要是家长仍像以前一样频繁直接夸奖，孩子可能会觉得独立性被忽视，甚至视家长的夸奖为一种“束缚”，进而产生逆反心理。

隐性激励恰恰契合了他们的心理需求。通过写信、送赞美卡片等方式，家长以含蓄方式将认可和鼓励传递给孩子。在这种激励下，孩子更愿意主动追求自我成长，努力实现自我价值，逐步构建清晰的自我认同，顺利度过这个充满挑战的青春期。

夸夸工具包

可以这样夸

761. 你每次面对失败都能重新站起来，这比成功本身更让人骄傲！

762. 每一次的自我怀疑都是成长的蜕变，相信自己！

763. 你允许自己哭泣，我知道这比强颜欢笑更需要勇气，加油！

764. 当你说“我和他们不一样”时，我真的看到了你的与众不同！

765. 你衣角沾染的颜料是青春的印记，我喜欢你这种努力的样子！

766. 你正在用自己的方式改变世界，你的勇气和坚持让我佩服！

767. 你守护朋友的秘密，朋友会因此而更信任你，做得很好！

768. 你展现出的温柔和智慧不亚于任何一个成年人！

769. 拒绝盲从，你的眼神让我看到了一种坚定！

770. 安慰别人时，哪怕有点笨拙，但你真诚的样子真的很打动人，我很感动！

771. 你说要改变世界，我听到了年轻人的热血，有梦想就去追吧！

772. 保持清醒的愤怒，比过早妥协要珍贵得多，孩子，你的底线和原则让我很佩服！

773. 在现实和理想之间搭桥，你的创造力和执行力让人敬佩，你真的很厉害！

774. 你追问“活着的意义”，那种眼神比任何标准答案都动人！

775. 你的灵魂里住着哲学家，你的独立思考能力就是你的武器！

776. 共情，是这个时代最稀缺的能力，孩子，你的善良和同理心终会成就你！

还可以这样夸

777. 你说“这不公平”，我为你的正义感骄傲无比！

778. 你默默照顾流浪猫，知道吗，这种温柔藏着改变世界的力量！

779. 你熬夜完成的作品，是青春最美的见证，你的努力不会白费！

780. 书本上晕开的每个字，都是未来美好的回忆，我相信你一定会成为理想的自己！

781. 你敢于直面内心的阴暗面，这是真正的勇敢！

782. 你说你需要独处，孩子，我想说，你的独立让我很欣慰！

783. 我看到了你的理智，这是你给自己的珍贵礼物！

784. 现在的迷茫都是星辰，总有一天会变成照亮前路的银河，我相信你一定会找到自己的方向！

785. 当世界催你快跑时，记得，慢慢雕琢也很重要！

786. 还记得小时候吗？你的乐观积极就像一阵春风，吹散了生活中的阴霾！希望你永远保持这份好心情！

787. 我知道你不会轻易放弃，你是坚韧的，不会退让一步，那么就坚持下去吧！

788. 有梦想是一件特别棒的事！我知道你在为梦想努力，支持你！

789. 你不再像以前那样依赖我，而是学会了独立解决问题，这样真好，我不介意！

790. 这世上最动听的声音，是你说“我可以”，孩子，我相信你一定可以做到！

791. 你不需要成为任何人期待的模样，因为你本身就如星星般独特！

792. 你又让我看到了青春最好的模样——不是追求完美，而是跌倒时笑着拍拍灰尘，说“再来一次”的勇气。

793. 愿你始终保持热爱，勇敢追求梦想，永远支持你！

794. 无论未来走向何方，请记住：那个愿意熬夜解题、为流浪猫驻足、替朋友发声的小身影，会永远留在我心中！

第五节 网络社交：虚拟世界中的正向激励

成长小剧场

周六晚上，耀耀完成作业后，一头扎进了线上编程社区。这里是他和小伙伴们交流编程的乐园，热闹非凡。

突然，一个求助帖吸引了耀耀的目光。原来，明明在编程项目里要实现一个动画效果，可绞尽脑汁都无济于事，提交时间迫在眉睫，他急得焦头烂额。

耀耀顾不上钻研新算法，全神贯注地查看明明的代码，很快发现了逻辑漏洞。接着，他在网上疯狂搜索教程，反复比对案例，终于找到了破解之法。耀耀修改代码、添加详细注释发给明明，还通过私信一步步耐心讲解。

明明依葫芦画瓢，成功实现了效果，激动得连声道谢。耀耀回复："小事，大家互相帮忙，才能一起进步！"

结束交流后，耀耀兴奋地跑到客厅，跟爸爸分享了这件事。爸爸满脸笑意，夸赞道："耀耀，你这么乐于助人，太棒了！生活里也要一样啊，互帮互助，大家都会开心！"

耀耀听后，笑容灿烂，心里默默发誓，以后不管在哪儿，都要把这份温暖传递下去。

爱心分析站

亲爱的家长们，如今网络社交深度融入孩子们的生活，已然成为他们生活中不可或缺的一部分。网络社交宛如一把双刃剑，一方面，它为孩子们打开了认识世界的广阔窗口，让他们能快速获取海量信息，与远方的朋友交流互动，拓宽视野；但另一方面，也带来隐私泄露、网络暴力等诸多挑战。

在这样的环境下，家长帮助孩子树立正确的网络社交价值观、培养良好行为习惯显得尤为重要。当孩子在网络中展现出善良、乐于助人等优秀特质时，我们一定要及时赞扬和肯定。就像耀耀在网络上帮助明明解决编程难题，耀耀爸爸及时给予夸赞，这不仅让耀耀明白帮助他人的价值，还激励他将这份善良带到现实生活中。这种正向反馈对孩子的成长意义深远，值得每一位家长重视。

理论小课堂

为了帮助孩子们在网络这个复杂的虚拟世界中健康成长，数字公民教育理论应运而生。这一理论的核心在于教导孩子们如何在网络环境中成为有责任感、有素养的“数字公民”。

一方面，家长们需要知道，孩子们在网络上的行为与现实生活中的品格息息相关，他们在网上展现出的善良、责任感、同理心等，同样也会在现实生活中闪闪发光！另一方面，我们也需要让孩子们认识到，网络世界并不是一个与现实割裂的空间，而是他们品格塑造的重要舞台！所以，当我们赞扬他们网络上的积极行为，其实也能够强化他们在现实中的道德认知，从而帮助他们成为优秀的社会公民。

夸夸工具包

可以这样夸

795. 你在网上耐心解答其他人的问题，真是细致又负责，做得很棒！

796. 你在网络活动中积极宣传反诈知识，既是热心肠又是行动派啊！

797. 听小伙伴说你在网上分享的学习方法特别有用，真是厉害！

798. 这次网络比赛你准备得充分极了，不管结果如何，我都要给你的认真点赞！

799. 你很懂得如何利用网络探索知识，这一点值得表扬！

800. 你在网上能一直保持善良和正直，真不容易，妈妈很欣慰！

801. 我发现你在网上发的绘画作品细节处理得很棒，你的生活观察能力很强啊！

802. 你在网上辩论时逻辑特别清晰，这思维能力用在辩论赛里肯定也很厉害！

803. 你在网上社区担任小管理员，把秩序维护得这么好，在学校肯定也一样！

804. 你在网上受欢迎，在生活中也受欢迎，妈妈对你刮目相看哦！

805. 你把长辈教你的传统美德在网上分享，棒极了！

806. 没想到你对那些恶意评论毫不在意，真是心胸宽阔！

807. 我期待看到你组织更多有意义的网络活动，带领小伙伴一起进步！

808. 你在网上参与讨论后，有没有发现自己思考问题更全面啦？继续加油哦！

809. 我特别喜欢和你一起讨论网上的新鲜事，每次都能感受到你独特的想法，看来你很善于思考哦！

810. 你在网上的创意手工分享太赞啦，期待你创造出更多惊喜！

811. 你在网上学习新知识的速度好快，在生活中也要保持这份热情哦！

还可以这样夸

812. 我看到你给同学的作品点赞了，给你点赞，记得在生活中也要多肯定身边人的努力！

813. 你在社交平台上用词恰当又谦逊，这是非常好的素养，在生活中也应该这样！

814. 我看到你一直在转发公益信息，以后在现实里遇到公益活动，也积极参与！

815. 你在网络上发布的环保小知识真有用，要是能实践起来，你就是无敌环保小卫士！

816. 你在网络讨论中能理性地发表自己的观点，要是在现实生活里也这样处理问题，一定会成长得更快！

817. 你在网络上表现出了对不同观点的包容和接纳，把这种精神用到生活里，你会拥有更多好朋友！

818. 很高兴看到你积极参加网上的文化传承活动，以后要在生活中把传统文化发扬光大！

819. 你在网上科普心理健康知识，帮了好多人，在学校也要多关心同学心理哦！

820. 你真勇敢，能对网络暴力说“不”，那么在生活里遇到不公平的事也要勇敢发声哦！

821. 我看到你在网上参与了文明城市宣传，真是太好了，不如从实际行动做起，画一幅宣传画吧！

822. 你制作的科普视频涉及了好多有趣的知识，真是厉害啊，在学校里也多和同学们分享一下吧！

823. 你是在网上响应网络上的爱心捐赠活动吗？太有爱心了，你也可以去参与社区的爱心活动呀！

824. 你向外国朋友介绍传统节日，传播中国文化，真厉害！生活里碰到国际友人，继续大胆分享！

825. 你分享的照片拍得好好看，如果想拍出更好的，就多出去走走，去发现和记录吧！

826. 线上读书打卡活动是你发起的吧，好多人都参加了呢！在班上也组织下，让同学们一起进步吧！

827. 你制作的学习技巧短视频帮了同学们大忙，记得在学习小组里也多讲讲这些方法哦！

第六章

长效内驱力

从“被夸”到“自我肯定”

第一节 夸夸进阶版：夸出孩子的内在评价体系

成长小剧场

“有请皓宇同学分享校园图书角优化成果！”校园活动舞台上，主持人话音刚落，大家就把目光投向了舞台一侧。皓宇深吸一口气，走上前，很是自信地讲述自己为改善图书角付出的努力。

爸爸望着台上的皓宇，思绪回到一个月前。当时，刚接到任务的皓宇满脸愁容回到家：“爸爸，这太难了！图书角的书乱，同学们也没兴趣，我不知咋办。”爸爸拍拍她的肩说：“别急，你点子多，肯定有办法。”

此后，皓宇每天放学后就到图书角，一本本整理图书，做好分类，制作标签。为提高同学们的阅读兴趣，她设计了“图书漂流”活动，还组织了小型读书分享会。起初，参与的同学很少，她没有放弃，慢慢地，参与的人越来越多。

这天回到家，皓宇难掩兴奋之情。爸爸笑着称赞：“从被难题困扰，到自信展示，你的努力我都看在眼里，太了不起了！”皓宇兴奋地说：“爸爸，这次真多亏你的鼓励，我才没放弃。”爸爸看向她说：“这都是你自己的功劳，以后不管碰上啥难题，都要像这次一样，相信自己的能力！”

爱心分析站

在日常生活中，我们总会遇到这样的场景：孩子满心欢喜地接下一项任务，可刚迈出几步就被难题绊住了脚，而这时，家长的回应就尤为关键了。故事里，皓宇爸爸的鼓励和称赞，一步步强化了皓宇的内在评价体系，是不错的示范。

内在评价体系说的是个体依据自身的经历、成就和努力，逐步形成的一套稳定的自我价值判断标准。以皓宇的经历为例，一开始，她对自己的能力产生了怀疑，而后在爸爸的夸赞下，她采取了行动，最终有所收获，并慢慢发现自己的想法和坚持是多么宝贵。

理论小课堂

是什么让孩子在面对困难时能够坚持，在取得成绩时能够保持谦逊？答案就藏在自我价值理论里。

自我价值感是个人追求成功的内在动力。每个人都有维护自我价值感的倾向，孩子也不例外。我们刚才提到的内在评价体系也是基于这种自我价值感逐步形成的。

从心理学的角度来看，拥有内在评价体系的孩子心理韧性更强。他们在遭遇挫折时，由于内在评价体系给予了稳定的自我认同，因此不会轻易被自我怀疑吞噬。他们明白自己的价值并不取决于一时的成败，而是源于自身持续的努力和成长。这种认知让他们能够冷静、理性地分析问题，积极主动地寻找解决办法。

所以，家长们不妨学习故事中爸爸的做法，巧妙运用夸赞，帮助孩子建立起稳固的内在评价体系，让他们在未来的日子里坚定如初。

夸夸工具包

可以这样夸

828. 你主动清理楼道垃圾，行动力和责任感都棒极了！

829. 你的行动不仅让环境变美，还为其他小朋友树立了榜样，加油！

830. 在这次的社会实践活动中，我看到你帮助了很多人，做得好！

831. 你在环保活动中表现得很出色！我相信，你以后还能在更多地方崭露头角！

832. 你的表演让大家感受到了传统文化的魅力，很精彩哦！

833. 以前你总对复杂的任务感到害怕，但你在这次的调研活动中表现得非常出色！

834. 你现在可是我们社区的小志愿者之星！继续加油！

835. 妈妈知道，你天生就很善良，最适合做传递爱心的事情了！

836. 这次活动比上次更难，但你不仅完成了任务，还做得很好，说明你既有能力又有责任感！

837. 就像那些曾经帮助过你的人一样，你也在用自己的行动传递爱心，真棒！

838. 下午那么热，你依然坚守岗位做环保宣传，真令人佩服！

839. 我本来还担心你会觉得这些活动很枯燥，没想到你完成得这么好！

840. 你这次的表现，简直可以给社区的“最佳小公民”奖写一份完美的申请书了！

841. 我知道你在实践活动中遇到了困难，但你的坚持和反思令我感动！

842. 你的行动让社区的每个人都感受到了温暖，爸爸支持你！

843. 这次活动很辛苦，但你从头到尾都没有放弃，为你感到骄傲！

844. 听社区工作人员说，你很负责，大家都夸你是环保小卫士呢！

还可以这样夸

845. 从被动参与到主动肩负起环保宣传的社会责任，你的成长真的有目共睹！

846. 你在敬老院陪爷爷奶奶聊天，体现出强烈的责任感，你完全有能力给身边的人带来温暖！

847. 你在社区调研中发现了问题并积极提出建议。这种对社会的关注和责任感，让我敬佩不已！

848. 本来以为你只是参与爱心义卖，没想到你还找来了同学一起参与，这种公益心十分可贵！

849. 这次参与社区创城活动，你忙里忙外，认真负责，和之前相比简直判若两人！

850. 看到你在为贫困家庭募捐衣物，还用心挑选和整理，妈妈特别感动，你真的很善良！

851. 继续保持对公益活动的这份热情和专注，未来你肯定能在更大的舞台上发光发热！

852. 我知道去孤独症儿童康复中心做志愿者很不容易，但你克服了困难，耐心陪伴他们，给你点赞！

853. 在班级公益活动里，你为自己设定的目标都完成了，这说明你很有规划和执行力！

854. 我很高兴你能参与社区的垃圾分类指导，为环保事业做出了实实在在的贡献！

855. 现在你已经是社区环保活动的小先锋啦，大家都跟着你一起爱护环境，以后也要继续引领大家守护我们的家园哦！

856. 你给小朋友讲解交通安全知识，既有趣又实用，还体现了社会责任感，做得很棒！

857. 你在非遗文化传承活动中学习剪纸，那专注的样子就像一位小艺术家在创作传世佳作！你主动学习并传承非遗文化，肩负起了文化传承的社会责任。

858. 我期待下次社区组织活动，你能担任更多责任，相信自己一定可以！

859. 我觉得你特别有责任感，这非常棒，你还可以参与更多的社会活动哦！

860. 你为社区做的这些贡献，真的很有意义。你不仅帮助了他人，也为社区的和谐发展做出了自己的努力！

861. 你在社会实践活动中的表现让我相信，未来你一定能成为一个有责任感、有爱心的社会成员！

第二节 家庭夸夸墙：可视化成就感的打造

成长小剧场

嘉树的生日终于到了，一大清早，他就从床上一骨碌爬起来，眼睛里闪烁着期待的光芒。他猜测自己会收到什么生日礼物，是心心念念的遥控飞机，还是那套盼望已久的漫画书？

好不容易洗漱完毕，嘉树迫不及待地走进客厅，就在这时，他的目光被一面墙牢牢吸引住了。只见墙上贴满了各种形状的彩色卡纸，有爱心、星星，还有可爱的小动物，每一张卡纸上都写满了爸爸妈妈对他的夸赞：

“你主动帮妈妈干活，把地板擦得锃亮，真是妈妈的好助手！”

“学校运动会上，你参加接力赛，充满了拼搏精神，我们为你骄傲！”

……

嘉树站在墙前，逐字逐句地读着，那些温暖的话语就像一股暖流，流淌在他的心间。这时，爸爸妈妈拿着插着蜡烛的生日蛋糕走了过来，爸爸说：“宝贝，生日快乐！这面墙就是我们送你的生日礼物，这上面记录的，都是你成长中的闪光点，我们希望你能一直记住，你真的很优秀！”

爱心分析站

亲爱的家长们，对于孩子而言，每一个生日都是一个特别的里程碑，是我们向孩子表达爱与鼓励的绝佳时机，千万不要错过！

毫无疑问，夸夸墙是一个很好的鼓励策略，制作方法也很简单，但更重要的是，在平日里，我们要用心留意孩子的每一个进步，每一次暖心的举动，每一项小小的成就，并记录下来，然后在一个特别的日子，将这些记录精心地誊写出来，展示出来。可想而知，当孩子看到这面承载着他们成长点滴的夸夸墙时，内心会有多么惊喜与感动！

夸夸墙的意义深远，它不仅是孩子成长足迹的生动展示，更是他们自信心的强大助推器。它不仅能让孩子真切地感受到自己的价值，还可以让亲子关系更加紧密。家长们，不妨行动起来，用夸夸墙为孩子打造一个充满爱与鼓励的成长空间吧！

理论小课堂

家长们，从心理学角度来看，夸夸墙满足了孩子对归属感和自我认同的深层次需求，而这恰好符合心理学上的成就动机理论。这个理论告诉我们，孩子天生具有追求成功、渴望被认可的内在动力，而家庭夸夸墙，就像是一张成长地图，引导孩子走向自我认同、自我实现的道路。

在家庭这个温暖的港湾里，孩子通过夸夸墙感受到自己是被爱、被重视、被认可的，这种情感滋养会转化为他们内心的强大动力。当孩子在生活和学习中遇到困难时，看到夸夸墙，就会想起自己曾经的成功，从而有勇气去尝试、去突破。所以，家长们可以巧妙运用夸夸墙，为孩子的成就动机注入源源不断的能量，助力他们在成长的道路上稳步前行，绽放属于自己的光芒。

夸夸工具包

可以这样夸

862. 你的画作充满了故事与情感，每一笔都展现了你对世界的独特理解！

863. 你小时候总爱模仿大人讲话，现在已经能表达自己的想法了！

864. 曾经那个需要我牵着手的你，如今已能替我分忧，愿你茁壮成长，枝繁叶茂！

865. 从问“为什么天是蓝的”到亲手做科学实验，你一直在不断突破自己！

866. 看到你能用自己的方式解决问题，我们真是很开心！

867. 你发现蚂蚁走新路线时的欢呼声，像科学家发现新大陆，那画面真美好！

868. 你摔倒后自己站起来拍拍土说“没事”的样子特别酷！

869. 你不再只跟在别人身后，而是开始带领他人，展现出了出色的领导力！

870. 你像一位小小勇士，无所畏惧地迎接每一个未知的明天！

871. 你画画的时候，那专注的神情，仿佛整个世界都只剩下你和画笔！

872. 把掉落的羽毛夹在故事书里当书签，这是收藏家的浪漫！

873. 你对待学习的热情，就像太阳一样温暖而灿烂。

874. 你渐渐学会了照顾自己，也懂得了关心他人，小小的你已经很棒了！

还可以这样夸

875. 你小时候的世界只有玩具和游戏，如今，你的世界充满了书籍、音乐、运动和友谊！

876. 你曾经害怕失败，如今已能坦然面对挫折，像一位小小战士勇敢地迎接每一个挑战！

877. 你坚持每天练习书法，笔锋愈发稳健，这份毅力与专注是成功的关键，未来可期！

878. 你在运动会上奋力拼搏，虽未夺冠，但你的坚持与努力，让你成了自己的英雄！

879. 用乐高搭建的超级飞船，承载着工程师的初心！

880. 你为社区环保活动出谋划策，这份对社会的责任感，让我看到了未来的环保小卫士！

881. 从简单的手工到复杂的模型，你不断挑战自己，这份勇气和毅力让人佩服！

882. 你的好奇心仿佛是探索宇宙的火箭，总能带你去往奇妙的地方。

883. 你读书的时候特别专注，这种认真的态度会帮你学到好多知识！

884. 你对小动物的那份爱心和温柔，让这个世界都变得更美好了！

885. 看到你坚持每天练习钢琴，这种毅力太了不起了！

886. 你讲的故事充满想象力，就像把我带进了一个全新的世界！

887. 你遇到困难不放弃，一直努力尝试，这种坚韧的品质最可贵！

888. 这次考试你进步很大，都是你努力学习的成果，继续冲！

889. 你的歌声清脆动听，就像山间的清泉流淌在我们心间！

890. 你认真完成作业，还主动检查，学习态度太端正了！

891. 你教奶奶用手机时温柔指导，是数字时代的小天使！

892. 你想出的游戏玩法很新颖，真是个有创意的小脑袋！

893. 你对长辈说话很有礼貌，是个知书达理的好孩子！

894. 主动捡起地上的垃圾，你是大家的好榜样！

895. 你在难题面前不退缩，努力思考的样子最帅啦！

896. 你帮忙布置房间，审美能力越来越强啦！

897. 你诚实守信，这么美好的品质，要一直保持哦！

第三节 说出来的力量：让孩子学会自己夸自己

成长小剧场

这一天，晓峰一回到家，就把书包一扔，瘫倒在沙发上，双眼无神地盯着天花板。

妈妈从厨房出来，见此情形，关切地问："怎么了？是哪里不舒服吗？"晓峰犹豫一下，小声说："妈，我们班要办元旦晚会，我想表演街舞，可又怕跳不好。"

妈妈耐心地说："上次学校文艺活动，你上台后同学们掌声不断，你觉得这说明什么？"

"说明我跳得还行？"晓峰小心翼翼地回答。

妈妈点点头，说："自信一点，你再想想，你跳舞的时候，哪些方面比较好？"

"老师说我节奏感很强，动作有力！"

"对啊，这就是你的优势，还有两周时间，你坚持练习，一定可以！"

此后的两周里，晓峰每天完成作业就开始练习，每当出错时都对自己说："我一定能行！"

很快，元旦晚会到了，晓峰站在后台，心跳如鼓。音乐响起，他

深吸一口气，再一次对自己说句“我一定能行”，挺直腰板走上舞台。表演结束，掌声雷动，他开心地想，我真的能行！

爱心分析站

亲爱的家长们，我们经常会看到孩子们在面对展示自我的机会时，内心充满矛盾与挣扎。在这种时刻，引导孩子学会自我肯定，是帮助他们突破心理障碍的关键所在。

每个孩子都有独特的优势，这些优势是他们成长的重要支撑。当孩子清晰地认识到自身优势，在面对挑战时就会更有信心，比如在学习上，相信自己记忆力好的孩子在背诵课文、单词时就会更轻松。

此外，引导孩子说出自己的优势，还能帮助他们培养积极的思维习惯。经常从自身优势出发思考问题的孩子，在面对困难时会更倾向于寻找解决办法，而不是陷入消极情绪。所以，家长们可以在日常生活中，通过引导孩子说出自己的优势，让孩子在自我肯定中不断成长。

理论小课堂

家长们，我们要意识到，对于孩子来说，了解并发挥自己的优势，认同自己、肯定自己，是提升自我效能感的重要途径。如前文所说，自我效能感是孩子对自己能否成功完成某件事的主观判断。当孩子明确自己的优势时，就会相信自己有能力取得成功，从而更有动力和热情参与其中。

此外，当孩子说出并肯定自己的优势时，大脑会分泌多巴胺，这种“快乐激素”不仅能让孩子心情愉悦，还能激发他们积极面对挑战的热情。长期坚持自我肯定，孩子还会构建起稳定且积极的内在评价体系。这样一来，无论外界环境如何变化，孩子都能凭借自身的优势和自信，在成长的道路上坚定前行。

夸夸工具包

可以这样夸

898. 你刚解开了那道超难的数学题，快和我说说，你觉得自己最厉害的地方在哪儿？

899. 这次绘画比赛你的作品太独特啦！来，讲讲看，自己哪里画得最好？

900. 你主动给老奶奶让座，给你点赞，能和我说说你当时是怎么想的吗？

901. 快和我分享下，你觉得今天的表演，自己最出色的地方是什么？

902. 你的陶艺作品细节满满，非常用心，对了，你觉得是创意厉害还是手法厉害呢？

903. 你主动帮妈妈洗碗，太贴心了，对了，你觉得自己最拿手的事情是什么呢？

904. 跟我讲讲，你在小组讨论的时候，最大优势是什么啊？

905. 你写的作文太精彩了，简直是个小作家！你觉得自己哪方面最厉害？

906. 你和家人玩成语接龙，反应超快，是不是偷偷积累了很多知识，分享一下吧？

907. 学骑自行车摔了那么多次都没放弃，你觉得是什么在支撑着你呀？

908. 向小伙伴承认错误需要很大勇气，跟我说说你为什么这么勇敢呢？

909. 你发现了花朵开放的小秘密，妈妈觉得你观察力很强，你自己怎么看？

910. 这次考试成绩进步这么大，你觉得自己在学习过程中哪方面做到位了呢？

911. 你用零花钱买礼物送给朋友，朋友开心你也开心，是不是？

912. 你的确很懂事，长辈夸奖你的时候是不是很有成就感？

913. 你第一次尝试新事物，虽然有点紧张，但没有退缩，是不是觉得自己很厉害？

914. 你面对陌生的环境，没有害怕，而是勇敢地去适应，觉得自己是不是很自信呀？

还可以这样夸

915. 你主动收拾自己的房间，有没有觉得自己变能干了？

916. 主动和新同学打招呼，我觉得你进步了好多，你觉得自己性格怎么样？

917. 我发现你最近读书速度变快好多，你觉得是自己越来越会抓重点，还是想象力特别丰富呀？

918. 这次运动会你跑步跑得超快，你想想，跑步的时候你觉得自己最厉害的是体力好，还是那股子不服输的冲劲呢？

919. 你给妹妹耐心讲解数学题，妹妹一下子就懂了，真像个小老师！你想想，自己是不是特别有耐心，特别棒呢？

920. 你主动帮邻居奶奶提重物，奶奶一直夸你懂事呢！你觉得自己做得怎么样？

921. 你们班组织的活动，你积极参与了，特别棒！那么你觉得自己在活动中发挥的最大优势是什么呢？

922. 你写的作文被老师当作范文在班上朗读，肯定有独特之处！你觉得自己写作文的时候，最棒的地方在哪里呢？

923. 你和小伙伴们一起演的小话剧可有意思啦！你觉得自己是表演的时候特别投入，还是台词背得又快又好，才让表演这么精彩呢？

924. 你帮妈妈列的超市购物清单，又全又合理，省了好多时间！你是平时观察仔细，还是本来就很会规划安排呢？

925. 我发现你养的小植物长得特别茂盛，比我养的都好！你是不是有秘诀，跟妈妈说说？

926. 每次一起玩大富翁游戏，你都赚得盆满钵满，哎呀，你是有经济头脑，还是运气爆棚，总能抽到好卡片呢？

927. 你给玩偶做的小衣服简直太精致了！是你那双巧手特别会穿针引线，还是脑袋里本来就有很多时尚设计灵感呢？

928. 你刚才生气的时候，没有乱发脾气，而是冷静下来了，自己是不是也觉得特别成熟？

929. 你刚才遇到不开心的事情，自己调整了心情，给你点赞，你也觉得自己的情绪管理能力很不错，对吧？

930. 你自己能做决定了，特别好，有主见的感觉怎么样？

第四节 跨年龄段指南：3 岁、7 岁、12 岁的夸奖差异

成长小剧场

“过年咯！”喜庆的呼喊声在屋内响起，浓浓的年味肆意弥漫。今年春节，大家族全员聚齐，家里热闹得像欢乐的海洋。

3 岁的糖糖，扎着两个小辫子，像只欢快的小鹿穿梭在长辈之间，脆生生地问好。奶奶笑得眼睛眯成缝，一把将她抱起来，直念叨：“咱糖糖这小嘴跟抹了蜜似的，太招人疼啦！”

7 岁的启铭一来就拉着妹妹糖糖坐到沙发上，绘声绘色地讲起了自己写的故事。他配上各种夸张的动作，糖糖听得目不转睛，时不时发出咯咯的笑声。伯伯走过来，摸摸他的头笑着夸：“启铭这想象力真丰富，平时作文肯定写得很棒！”

12 岁的卓然在厨房忙得热火朝天，帮着大人准备年夜饭。她熟练地洗菜、递盘子，动作娴熟又利落。妈妈在一旁看着，忍不住夸赞道：“卓然长大了，做事有模有样，以后准是个好帮手！”

年夜饭上桌，一家人围坐一团。孩子们的优秀表现，让这个春节满是温馨与幸福，欢声笑语回荡在屋内，暖到了每个人的心坎里。

爱心分析站

亲爱的家长们，让我们从糖糖、启铭和卓然在春节的表现，来看看不同年龄段孩子的独特之处，以及与之适配的夸赞方式吧！

3 岁的糖糖，处于自我意识刚刚觉醒的阶段，她的世界单纯而直接。所以，当糖糖主动探索社交礼仪，并表现得当时，奶奶简单直白的夸赞就能让年幼的她直观地感受到认可，从而建立良好行为模式和自我认知。

7 岁的启铭，已经开启了学业和社交生活。他绘声绘色地给妹妹讲故事，展现出丰富的想象力和表达欲。伯伯的夸奖不仅是对他当下表现的认可，更是将他的兴趣特长与学业建立联系，能让他意识到自己的优势可以在其他方面发挥作用。

12岁的卓然，正处于步入青春期的前奏，内心渴望独立和被当作大人看待。她在厨房熟练地帮忙准备年夜饭，妈妈的夸赞正好符合这一点，让卓然感受到自己的成长被看见，满足了她对自我价值的追求。

理论小课堂

家长们，孩子成长中的每一个瞬间，其实都蕴含着科学的成长规律，而儿童发展心理学中的皮亚杰认知发展理论，正是解锁这些成长奥秘的一个途径，我们不妨来简单了解一下。

0~2岁的孩子处在感知运动阶段，主要依靠感觉和动作来探索世界。当宝宝成功抓住摇铃，家长及时用鼓掌、说“好”等积极反馈，有助于孩子建立起初步的自信。

3岁左右的孩子处于前运算阶段，思维具有自我中心性，依赖直观感受。此时，简单、具体且即时的夸赞，能帮助孩子迅速分辨行为对错，构建起最初的行为规范和自我认知。

7岁的孩子进入具体运算阶段，逻辑思维开始萌芽，同时处于勤奋对抗自卑的阶段。家长将夸赞与孩子的努力、成果及学业、社交能力相联系，能让孩子获得成就感，远离自卑心理。

12岁的孩子迈入形式运算阶段，思维变得抽象灵活，开始探索自我身份。这个时候，深度挖掘并肯定他们独特品质的夸赞，能够帮助孩子整合自我认知，避免迷失方向。

希望家长们能找机会深入了解这些理论，把握孩子不同阶段的心理特点，用夸赞助力孩子成长！

夸夸工具包

可以这样夸低龄孩子

931. 宝宝自己穿好衣服啦，扣子都扣对了，真棒！

932. 你把积木搭得好高呀，而且没有倒，好厉害！

933. 你今天主动给小花浇水，小花肯定会开得更漂亮！

934. 你故事讲得特别精彩，就像个小演员呢！

935. 宝宝自己把玩具收得整整齐齐，真的好棒！

936. 你画的小花颜色好漂亮，太有想象力啦！

937. 主动和小朋友分享玩具，你好可爱！

938. 吃饭吃得干干净净，不挑食的宝宝最乖啦！

939. 帮忙把垃圾扔进垃圾桶，你真是妈妈的小帮手！

940. 拼图拼得又快又好，小脑袋真会思考呀！

可以这样夸中龄孩子

941. 你凭借自己的努力和专注攻克了所有难题，这份认真劲儿无论遇到什么挑战都能成功应对，继续加油！

942. 你主动承担起分发作业的任务，像个负责的小老师，责任心值得点赞！

943. 用这种独特的方式记录生活，太有创意了！以后可以尝试用不同的视角去写！

944. 这次比赛表现这么出色，下次可以挑战更有难度的赛事，相信你一定能取得更好的成绩！

945. 练字需要极大的耐心和毅力，你能坚持下来真的很棒！

946. 这次解题思路很独特，你是怎么想到的呢？和我们分享一下，让我们也学习学习吧！

947. 这幅画的每处细节都充满故事，你一定是把内心的美好都融入画里了！

948. 你开朗的性格和善于交流的特点，在小组讨论中发挥得淋漓尽致！

949. 这么快就学会了新指法，你太厉害了，继续为梦想努力吧！

950. 你主动帮邻居爷爷取快递，爷爷可高兴了，直夸你懂事！

可以这样夸 12 岁以上的孩子

951. 你解题思路清晰，逻辑严谨，做得很好！

952. 你最近英语词汇量增加了很多，口语也流利了不少，看得出来你很努力！

953. 你在学校组织的活动中表现得很出色，领导能力很强，以后可以尝试组织更多活动！

954. 你的创意和执行力比很多成年人都好！

955. 你这次的成绩比上次进步了很多，努力没有白费，加油！

956. 今天的家庭聚会，你主动帮忙招呼客人，表现得大方得体，真的长大了！

957. 在科学实验中，你的表现很出色，可以考虑往科学领域发展哦！

958. 你在团队合作中遇到了困难却没有放弃，这种坚持和努力真的很让人佩服！

959. 你有没有发现自己的数学逻辑思维能力很强，而且这种能力在其他学科中也很有用！

960. 你对传统文化很感兴趣，还把书法练得这么好，以后一定能很好地传承文化！

961. 这次考试难度增加了，你还能取得这么好的成绩，期待你在下次挑战里凯旋！

962. 你平时很照顾弟弟妹妹，有你这样负责任的榜样，他们很幸福！

963. 你写的读书笔记里，对人物心理的分析特别细致，看得出你读书的时候很用心！

第五节 终身学习力：夸出孩子的好奇心与求知欲

成长小剧场

在客厅温馨的灯光下，4 岁的知远窝在爸爸怀里，眨着眼睛问："爸爸，星星为什么会一闪一闪呀？"稚嫩的声音里满是好奇。爸爸笑着摸摸他的头，说："宝贝，你问得真好！说明你在认真思考，特别棒！那是因为……"知远得到夸奖，兴奋地开启了"十万个为什么"模式。

时光飞逝，知远上了小学，对宇宙的奥秘愈发着迷，一回家就钻进书房，探索宇宙知识。妈妈总夸他："你这学习劲儿可太难得了，真佩服你啊！"知远抬起头，眼中闪烁着光芒。

升入初中，知远不满足于科普图书，开始钻研专业知识，还常常向老师请教。老师对他的探索精神赞不绝口，爸爸妈妈也十分支持，对他说："你拥有学习最好的动力，继续加油！"

后来，知远参加了学校组织的天文观测活动，表现得很出色，回到家，他收到了一张爸爸妈妈写的卡片："大胆去探索，相信自己一定能找到想要的答案。永远支持你的爸爸妈妈！"

就这样，知远在家人的赞扬中，对科学知识的热情越来越高。他知道，未来的路还很长，但自己一定会坚持下去。

爱心分析站

亲爱的家长们，好奇心是孩子内心深处对未知世界的渴望，它就像一颗种子，在孩子小小的心灵里生根发芽；求知欲则是推动孩子不断前行的小马达，让他们主动去学习新知识，拓展自己的视野。知远的成长告诉我们，我们在看到孩子因为好奇而不断探索时，应该用赞美的话为种子浇水，给小马达注入动力！

在夸赞的作用下，外界新奇事物的吸引将逐渐转化为内心深处持续学习的强大动力，这不仅能帮助孩子们学习知识，更能促使他们养成主动学习、终身学习的好习惯。所以，不要吝啬我们的夸赞，让它成为孩子探索世界的温暖陪伴吧！

理论小课堂

如今这个时代，科技飞速发展，知识更新换代的速度越来越快。你能想象吗？孩子现在所学的知识，或许在几年后就会有全新的突破和变革。在这样的大环境下，具备终身学习的能力，对孩子来说就显得尤为重要，而终身学习的源头，正是孩子的好奇心与求知欲。

终身学习理论认为，学习是持续一生的过程，并非局限于学校教育阶段。好奇心是孩子开启学习大门的关键因素，求知欲则为孩子的持续学习提供动力。

在孩子成长过程中，家长的夸赞对培养孩子的好奇心和求知欲意义重大。当孩子因好奇提出问题时，家长应该给予积极回应；当孩子主动求知时，家长应该及时夸赞。我们之前提到过，正向反馈能够让孩子感受到来自家庭的支持，激发孩子内心的学习热情。

因此，作为家长，我们应该时刻关注孩子的成长，及时发现并夸赞他们的好奇心和求知欲。当我们用赞美的话语为孩子的探索之路加油鼓劲时，其实也是在为他们未来的终身学习奠定坚实的基础。

夸夸工具包

可以这样夸

964. 你能主动探索知识，以后不管碰到多复杂的问题都能找到答案！

965. 你对世界充满好奇的样子，我太喜欢了！愿你带着这份好奇一直走下去！

966. 把这个好习惯延续下去，你会在知识的积累中受益终身！

967. 你这打破砂锅问到底的劲儿，我太佩服了！以后不管学什么都要这样哦！

968. 你对新知识的好奇就是最强大的武器，它能帮你冲破任何学习上的阻碍，大胆去探索，没什么能难倒你！

969. 老师说你上课提的问题让大家都打开了新思路，持续保持，未来不管在哪个学习阶段都能脱颖而出！

970. 看你积极探索的样子，如同在知识的宝藏岛寻宝，真棒，宝藏就在那里等着你呢！

971. 我原本担心你会对这个新知识没兴趣，没想到你如此热情，太意外了！看来在学习之路上，你都不会被困难吓倒了！

972. 你这小脑袋里是不是装了个“问题制造机”，那就带着这个“机器”一直探索下去吧！

973. 我期待你下次又能带着更有趣的问题来和我讨论！

974. 你能通过问问题来反思自己不明白的地方，真棒！掌握这种反思学习法，一生都能高效学习。

975. 你努力钻研的样子真帅，这种目标感会引领你在知识的道路上勇往直前！

976. 你对知识的热爱会帮你打开知识的大门，走进更精彩的世界！

977. 和你一起讨论这些问题，我觉得特别开心，让学习成为我们一生的乐趣吧！

978. 你问的这个问题启发了我，你做得不错，学会从不同角度思考，人生就是不断进步！

979. 我特别欣赏你对新知识的好奇，这是很宝贵的品质！珍视这份品质，期待你未来的表现！

980. 不管遇到什么问题，都像现在这样大胆问，人生的难题就是这么被一个个干掉的！

还可以这样夸

981. 天呐，你的角度简直绝了！再这么钻研下去，知识界都得为你抖三抖！

982. 我相信你凭借这份好奇，一定能解决更多难题，在未来的学习中披荆斩棘！

983. 坚持这样的好奇心，以后不管学什么都能学得又快又好！

984. 你的想法总是与众不同，这种创造力会让你在未来成为一个有影响力的人！

985. 你能想到这么独特的角度，说明你充满了奇思妙想，真是未来可期！

986. 你为了弄清楚这个问题，查阅了好多资料，这种主动学习的精神太让人佩服了！

987. 你的钻研精神真让人惊喜，这种能力会让你在未来的学习中无往不胜！

988. 你对知识的渴望让我们都深受感染，继续探索吧！

989. 你用自己的方式解决了这个问题，真棒，这会让你终身受益！

990. 你此刻的每一次探索，都会在人生之路上给你指引，加油吧！

991. 每次看到你好奇地探索，我都觉得你的未来充满无限可能！

992. 我很喜欢你不断探索的精神，这会让你一生都充满学习的乐趣！

993. 你的探索能在今天给你带来惊喜，也能在未来给你带来惊喜！

994. 你已经以满满的好奇心迈出了步伐，未来定会收获一路繁花！

995. 世界无比精彩，你的好奇心将带你走得更远！

996. 很高兴看到你求知若渴，努力为自己的一生积累能量！

997. 别小看这份探索心，它会带着你在人生的长路上满载而归！

998. 相信我，你的好奇心会成就你探索世界的梦想！

999. 少年，别停下探索的脚步，这份热情是你最宝贵的财富！

1000. 学习是一辈子的事，而你已经在路上！